ちくま新書

高校生のための評論文キーワード100

中山 元
Nakayama Gen

542

はじめに

この本は、高校生の諸君が教室の授業や大学入試の際にとりくむ評論文読解に役立つよう工夫したものだ。ここで選んだ一〇〇項目は、実際の試験で使われた文章に頻出する用語や、あらかじめ知っておかなければ理解しにくい用語を中心にしている。

でもそれだけではない。評論文の背景にあるものの考え方の基本を理解できるように、こうした文章の書き手が前提にしている西洋の思想の伝統にさかのぼりながら語意を考えるようにしている。哲学的な解説が多いのはそのためだ。哲学というと面倒に思えるかもしれないが、多くの文章は哲学の文脈を理解することで、その意図するところがはっきりと見えてくるものだ。

それぞれの項目は、「ポイント」（本文中ではマーク）、「切り口」（マーク）、「展開」（マーク）の三つに分けて構成されている。

「ポイント」では、その用語が簡潔に説明されている。導入部分であり、まずその用語を理解するための最初の手掛かりと思ってほしい。

「切り口」の部分では、その用語のさまざまな切り口が示してある。その用語がどのような文脈で使われる可能性があるかを理解しないと、的はずれな読解になってしまうことが多いものだ。たとえば「アウラ」という項目では、「個性」、「オリジナル」、「一回性」という三つの視点で考察している。それぞれ別の文脈で使われている状況を解説したものだ。ふーん、こんな意味で使われることもあるのかと思ってもらえればうれしい。

最後の「展開」の部分では、その用語がさらにどんな発展性をもっているか、ほかにどんな分野で使われる可能性があるか、ほかの用語とどのような結びつきがあるかを示している。

最後に、頻繁に登場する八人の哲学者の簡単なプロフィールを紹介している。西洋の哲学の歴史はプラトンの哲学の脚注のようなものだと言われたことがあるが、多くの評論文はさまざまな哲学者が作りだしてきた概念についての考察でもあるのだ。これらの概念について理解を深めておけば、入試だけではなく、大学に入ってからさまざまな文献を読解するのにもきっと役立つに違いない。

見開きの二ページで読み終えられるようにしているので、語り尽くせなかったことも多い。最初の「アイデンティティ」の項目でも、まだまだいろいろな切り口があるはずだ。各項目を読みながら、もっと新しい切り口や展開を考えて、独自のバージョンを作ってもらえると、その用語がしっかりと身についてくると思う。

最後に、この新書を企画された熊沢敏之編集局長と、原稿をていねいに読んでくれた編集部の金子千里さんに、心から感謝したい。

高校生のための評論文キーワード100

【目次】

コラム　本書に頻出する８人の哲学者

凡例

…ポイント

定義およびポイント。導入部分であり、まずその用語を理解するための最初の手掛かりにあたる。

…切り口

その用語が使われる文脈、使われてきた背景などを示してある。さらに、小項目を立てて、複数の視点から考察している。それぞれ別の文脈で使われている状況を解説したものだ。

…展開

その用語がさらにどんな発展性をもっているか、ほかにどんな分野で使われる可能性があるか、ほかの用語とどのような結びつきがあるかを考えている。

（＊ページ）…関連ページ

本書で立項されている語が他項目の本文中に引かれ、とりわけ重要だと思われる場合には、そのページ数を示した。より詳細な関連は、索引を参照してほしい。

※なお、コラムで取りあげた人物の生没年は、本文中では初出のみを示した。

001

アイデンティティ

アイデンティティという語はそもそも、「この同じ（イデム）自分」という語から作られた。アイデンティティを確立しているということは、この自分がどんな人間であるか、自分が自分であり続けるというのはどういうことかを、自分がはっきりと納得しているということだ。その根底には、自分がほかのだれでもなく、この自分であるのはなぜか、世界にたった一人しかいない、自分にとってはかけがえのない自分であるのはどうしてか、という大切な問いが含まれている。

［顔］ 人間のアイデンティティの最初の核になるものは何だろうか。おそらくそれは顔だろう。ぼくたちは自分だけの顔をもっている。だからアイデンティティはまず、自分が自分だけの顔をもっているということにかかっている。

　でもとても皮肉なことなのだが、この顔というものは、自分には見えないものなのだ。鏡に映っているぼくの顔は、ほかの人たちが見ている顔とは違うものだ。アイデンティティの重要な要素であるこの顔をみずから見ることができないということは、アイデンティティというものが、自分だけで確立できるものではないということを逆説（＊78ページ）的に表現しているのだ。

　自分がだれであるか、どんな人間であるかというのは、ぼくたちにとってはもっとも内的で、他人とはかかわりのないものであるかのように思われるとしても、その思い込みだけではアイデンティティは得られない。自分のアイデンティティが、ほんとうに自分のものとして納得できるためには、ほかの人々から認められることが必要なのだ。

［名前］ 同じことは名前についても言えるだろう。だれもが自分の名前を大切にしている。アイデンティティには「身元」という意味もある。社会の中でぼくたちは、自分の名前で呼ばれることで、自分が自分であることを確認しているし、納得することもできる。

それでいてこの名前というものにも奇妙な逆説がある。名前というものはそんなに種類が多いわけじゃない。同姓同名の人がたくさんいることは、電話帳で「小林秀雄」という名前を探してみたらすぐにわかる。評論家もいるし、画家もいるし、医者もいる。みんな小林秀雄なのだ。ここでも自己（＊118ページ）であることの核であるアイデンティティが、社会のうちでの符号のようなものに託されていて、社会の網の目の中でしか成立しないことが語られている。

【集団】 面倒なことは、ぼくたちは自分のアイデンティティを自分個人だけでもっているわけではないということだ。ときにある集団として、自分のアイデンティティを形成することもある。家族や村のような共同体、武士のような身分がこのようなアイデンティティの核となることが多いが、ときには国家のようなものもアイデンティティを生みだすことがあるのは、オリンピックを考えてみればわかるだろう。やがて他の星から人間とは異なる生物が到来したら、地球人というのがアイデンティティの核になることだってあるだろう。

このアイデンティティというものは、ぼくたちがかけがえのない自分であることの拠り所という重要な役割を果たすものであるが、ときに〈罠《わな》〉をかける場合があることに注意しよう。まずぼくたちはときに自分の自己性、アイデンティティを「確立する」ことに熱中すると、自分の文化や伝統に思い入れをしたり、他なるアイデンティティを否定したりするようになりかねない。

　そもそもぼくたちに単一のアイデンティティがあると考えるのは、間違いかもしれないのだ。西洋の植民地では西洋の文化と現地の文化が複合して新しい文化が生まれた。これをクレオールと呼んでいるので記憶しておいてほしい。多なる文化が複合としてアイデンティティを構築している現代の文化と社会のありかたを示す概念だからだ。日本の歴史の背後に、遠くペルシア、東南アジア、中国の長い歴史を思い浮かべて、日本の文化の複合性を思い描いてみてはどうだろうか。

002
アイロニー

ぼくたちはいつも自分の思うとおりのことを言うとは限らない。思っていることと反対のことを言ったほうが、相手がぼくの言いたいことがわかったりすることもある。これがアイロニーだ。皮肉やあてこすりなども、アイロニーの一種と言えるだろう。道路に唾《つば》を吐いた友人に、「君はなんとも礼儀をわきまえているね」と言ったとしても、うっかりすると相手には通じないかもしれない。それに濫用すると、嫌味な奴だと嫌われることもある。もって回った言い方をしなくても、はっきり言ったらいいじゃないかと反発されることもあるからだ。なんとも言葉は難しい。

【産婆術】自分の考えていることと反対のことを言うことで、いったいどんないいことがあるだろう。このアイロニーという語が生まれた歴史的な背景を考えてみると、アイロニーを使うことは、相手にものを考えさせるすべとなることがわかる。古代ギリシアの哲学者のソクラテス（前四七〇頃～前三九九）はポリスで知者として知られている人々を次々と訪問した。そしてたとえば美とはどういうものか、勇気とはどういうものか、教えてほしいと頼んだのだ。ぼくはまったく知らないからと。

相手は勇んでソクラテスに教えようとする。すると知らないはずのソクラテスは、相手の言っていることに矛盾があることを指摘する。そして相手は、自分のうちに盲点があったこと、知っていると思っていることを実はほんとうに知っていたわけではなかったことに気づくのだ。ソクラテスはそのために「エイロニ」、知っているのに知らんぷりをする奴と嫌われた。ソクラテスが死刑にされたことの背景には、こうしたアイロニーの営みがあったわけだ。

でもこうしてソクラテスが作りだしたアイロニーという方法のおかげで、そしてそれを記録した弟子のプラトン（前四二七～前三四七）のおかげで、ポリスの住民たちと同じように、ぼくたちは勇気とは何か、美とは何かをほんとうは知らないのではないかという自覚に促される。そして勇気とか美とかについて、自分でもう一度考えなおしてみようという探求に誘われる。これはアイロニーの力だ。ソクラテスはアイロニーを駆使した対話によって、相手が知っていると思っていることを実は知らなかったことに気づかせ、そこから真の知に向かって進ませようとした。そして自分のことは真理を生みだすために手を貸す産婆《さんば》のようなものだと考えていた。アイロニーは産婆術でもある。

【真の認識】ところでアイロニーには真理を生みだすだけでなく、後になってその真理に気づかせるという皮肉な役割を果たすことがある。たとえばぼくがそれまで長いあいだ親しくしてきた異性の友人に飽きて、別れたいと思ったとする。そして「こんな素敵な人と別れるなんて、ぼくはばかだよなぁ」と言ったとする。

そのときぼくは本当は別れたいと思っているのだから、これはアイロニーの表現だ。でも数年して、その人がほんとうにぼくのことを思って、身をひいてくれたのだとわかったとしよう。するとこのアイロニーの言葉は、実は真理だったことになる。ぼくはその人と別れて、ほんとうにばかだったのだ。それがぼくの別れの言葉に含まれていたアイロニーなのだ。こうしたアイロニーにおいては、見かけの表現と真実の事態が鋭く対立している。そしてうわべだけの真実だと思われたことが、実は真実だったことが明らかになるとき、ぼくは自分の言葉のアイロニーの鋭さに大きな傷を負うことになる。

このようにアイロニーには創造的な力だけではなく、傷つける力がある。アイロニーには鋭い棘《とげ》があるのだ。アイロニーを語る人は、相手よりも高い目線から語ることが多いものだ。でもアイロニーで相手を諌《いさ》めようとしても、相手が反発を感じて背を向けてしまったら、意味はなくなってしまう。そんなときには、相手と同じ目線で語ろうとするユーモアやウィットを用いたほうがいいのではないか、と考えてみるのも大切ではないだろうか。

003

アウラ

キリスト教の聖画を見たことがあると思う。聖者やイエスやマリアの頭の上に丸い輪のような後光がさしているよね。あれがアウラなのだ。周りの人々には後光が描かれていないので、どこにでもいる人のように見えるけど、アウラがついていると、特別な人、なにかありがたい人のように見えるはずだ。

【個性】聖者の絵では後光を書くことでアウラを表現することができたけれど、現実の世界には後光をかついで歩いている人などいない。でもぼくたちはある人とつきあっていて、その人に特別な力や強さを感じることがある。その人が部屋に入ってくるだけで空気が変わってしまうという経験をすることがあるものだ。

これは個人的な愛着や印象だけに限るわけではない。好きな人が部屋に入ってきたら、ぼくにとっては空気が変わるだろうけれど、ほかの人にはその変化は感じられない。アウラというのは、個人的な好みとは別に、その人にかなり客観的に付着している力のようなものなのだ。こうしたものをもっている人について、ぼくたちは「あの人にはアウラ（オーラ）があるね」と認めるのだ。ある種の強烈な個性でもある。

【オリジナル】アウラという概念は、ドイツの哲学者のベンヤミン（一八九二〜一九四〇）のおかげで有名になった。だからアウラという語が使われているときには、ベンヤミンの文脈も考えておく必要がある。ベンヤミンはオリジナルな芸術と、複製された芸術の違いを強調するために、複製ではないオリジナルな絵画には、アウラがあるが、それが画集のように複製されたものだと、ほんらいの作品のもつアウラが薄れてしまうことを指摘したのだ。

もちろん絵画の複製では原本の作品の肌理《きめ》も筆のタッチもほとんど再現できない。かつて見たオリジナルの作品を思いだすために役立つくらいなのだ。世界で唯一存在する作品のもつ「後光」が欠けているのは間違いない。ただしベンヤミンはこの概念でたんにオリジナルの作品が優れていて、複製の作品は価値が劣ることを主張したかったわけではない。現代社会における大衆化の進行という、必ずしも悪くない効果があることも指摘していることを忘れないようにしよう。高価な絵は秘蔵されてしまえば人の目から隠されるが、画集であればだれにでも手に入れることができるだろう。芸術はアウラを失うことで、現代にふさわしい大衆的なものとなったという側面もあるわけだ。

【一回性】アウラは芸術作品だけに登場するわけではない。ぼくたちの生活においても、アウラが生まれることがある。人間の生は一回限りで、二度と反復することができない性格のものだからだ。たとえば秋の夕暮れに、真っ赤な夕日がつるべ落としのように沈んでゆくのを眺めながら、二度と訪れないこの瞬間を享受することがある。その瞬間に風景の中で自分の生の一回性を、まるで果物のように味わうことができるのだ。その瞬間にぼくたちの生はアウラで満たされる。

　このアウラは時が経っても消えないことがある。夕日を眺めたのが、十五歳の秋の法隆寺でのことだったら、そしてその隣に大切な人がいたら、ぼくはその瞬間のことを一生涯忘れないだろうし、その時刻の味を繰り返し味わうことができるだろう。一回限りの生においてアウラは身体のうちに刻印されて、繰り返し享受することができる大切な記憶とともに残されることもあるのだ。

ところで奇妙なことが発生する。複製作品や技術的な工芸品でも、アウラが発生することがあるからだ。ごく初期のコンピュータを考えてみよう。博物館に収蔵されているコンピュータにはすでにアウラが発生している。たとえばＩＢＭがドイツで開発した初期のコンピュータは、まだ入力にカードを使う方式だが、すでに歴史的な遺物としての雰囲気を漂わせている。コンピュータという量産品だけではなく、もはや稀少となったこのコンピュータの写真までが、不思議なアウラを放つのだ。アウラのメカニズムにはまだ大きな謎が含まれている。

004

アナロジー（類推）

アナロジーは、異なる事物の間に、類似した関係を探そうとする。古代のギリシアでは比例の関係で考えた。２：４＝７：xなら、xが14であることは、すぐにわかる。同じような方法で、世界のさまざまな事象を、自分にとってなじみの事物からの類推で理解しようとするのがアナロジーだ。世界の認識は、この類推から始まるといってもいいだろう。アナロジーは世界を認識したいという人間の欲望の表現なのだ。

［モデル］アナロジーは文学における比喩を作りだすだけでなく、科学においても思考のモデルとして利用することができる。たとえば原子核を取り巻く粒子の関係は、太陽系における太陽と諸惑星の関係をモデルにして考えられることが多い。そこでは中心にある重量の大きな物体が、重力を働かせて周囲の小さな物体をひきつけ、回転させているからだ。このアナロジーを宇宙に適用してみれば、その中心との距離と重力の大きさの関係から、冥王星《めいおうせい》の行動を予測することなども可能になる。アナロジーは科学において多くの発見をもたらす原動力となっているのだ。

［考えられないもの］アナロジーは、ふつうの手段では考えられないものを考える手段としても使われてきた。たとえば、『聖書』でふつうには理解しがたいことが書かれていると、ぼくたちが理解できるものに類推して解釈する長い伝統がある。ただ文字どおり読むだけでなく、ほかのものにあてはめても読まなければならないとされてきたのだ。それだけではなく、理解できないという事実に注目するためにアナロジーが使われることもある。中世のキリスト教の神学では、神はぼくたちのあらゆる認識と創造の力をもってしても認識できないものだと考えられていた。その神の孤立した威力を思考するために、神学者たちは「神とは……でないもの」という思考方法を採用した。神について、人間や事物の類推から、さまざまな概念をあてはめてみる。そして神はつねにそ

の概念を超越したものと考えるのだ。神がそれをどのように、どこまで超越しているかを考えることが、神の特性と威厳を考えるための手段となるのである。

思考できないものを思考するために、まず類推関係を築き、つぎにその類推関係がいかに成立しないかを考察し、説明する。それが「思考できないものを思考する」ための方法だったのである。ここではアナロジーは、高いところに登るための梯子《はしご》のように使われている。最後の段を登りきったら、その梯子はもはや無用になるのだが、そこまで登るためには、やはりその梯子が必要だったのである。

この類推は、比例のように確実な知をもたらしてくれるわけではない。つねに正しい結論が得られる論理的な推論ではないからだ。比例関係であれば確実に答えは計算できるが、あるものに類似しているからといって、つねにそのものと同じような性質をもつわけではない。古代ギリシアの哲学者プラトンの好きだった類推の一つを考えてみよう。プラトンは船長が船を操縦する技術と、政治家が国家を統治する技術は似ているので、アナロジーで考えることができると語っていた。でも航海術と政治の技術にどのような類似があるのか、うかつに議論が進められないことはすぐにわかる。

ぼくたちの認識はまず類推で動かされる。それだからこそ、類推の危険性に自覚的であることが必要なのだ。考えるときにはできる限り想像力を働かせて、豊富なアナロジーを試してみるべきだが、そのアナロジーがもつ落とし穴には気をつけよう。どこまで使えるアナロジーなのか、調べてみる必要があるというわけだ。

たとえば人間の身体がアナロジーに使われることが多い。王は人間の頭であり、国民は人間の手足のようなものだというアナロジーは、哲学でも宗教でもしばしば用いられる。でもこのアナロジーの裏側には、王権の正統性というイデオロギー（＊32ページ）がはりついているのはすぐにわかると思う。アナロジーは考えるための道具であるとともに、考える道筋をあらかじめ作ってしまって、思考の自由度を狭くする場合もあるのだ。

005

アプリオリ／アポステリオリ

アプリオリという語は、アポステリオリという語と対で考えてほしい。ラテン語の用語が、それも中世のスコラ哲学の用語がそのままで、日常の世界で使われるようになった珍しい例である。そもそもぼくたちはなにかの出来事を認識するときには、因果関係で考えることが多い。この柵《さく》が倒れたのは、先日の台風のためだとか。このときぼくたちは世界の出来事について、現実の事態に基づいて判断していることになる。出来事の認識にはぼくたちの実際の経験が不可欠なのだ。こうした認識はアポステリオリな認識と呼ばれる。出来事がまずあって、その後（ポステリオール）に関係が認識されるからだ。

　ところがこうした現実の出来事を経由せずに認識できるものがある。たとえば2＋4＝6というのは、机の上にあるリンゴの数を数えてみなくても理解することができる。人間が必ず死ぬものであり、ぼくが人間であるならば、ぼくが必ず死ぬことは、だれもぼくの葬儀に立ち会わなくても理解できるはずだ。これはアプリオリな種類の認識であり、「先験的」と訳されることもある。経験よりも前（プリオール）という意味だからだ。

【先天的】 認識にかかわるこのアプリオリという概念が拡張されて、アプリオリは人間の知覚の能力そのものではないかと考えられるようになってきた。たとえばぼくたちが現実を認識するには、目を使って見られること、耳を使って聞けることが必要なはずだ。するとぼくたちの実際の経験よりもこうした能力のほうが「先にある」と考えることができる。だとすると見たり聞いたりする能力、人間にとって「生得的」な能力こそ、アプリオリなものと呼ぶべきだということになる。この視点から見るとき、アプリオリは「経験に先立つ」という意味での「先験的」というより、生まれつきという意味での「先天的」という意味をもつことになる。人間は最初はただこうした先天的な能力をもついわば白紙のような状態から、ここに経験が書き込まれるというわけだ。

【認識の構造】 ところでこのアプリオリという概念は、近代の哲学では重要な意味をもつことになる。ドイツ観念論の祖とも呼ぶべきカント（一七二四〜一八〇四）は、人間が先天的な能力をもつ白紙の状態から、さまざまな事物を経験するのだとしても、その「白紙」にある共通の構造のようなものが必要ではないかと考えたのだ。個人的な体験はこうした共通の枠組みのようなものがなければ、他人に伝えることはできないのではないだろうか。そもそも科学者たちが自然の法則を認識し、それを多くの人が検証することができるのはなぜだろうか。そのためには人間が経験する以前に、ある枠組みのようなものがアプリオリなものとして存在している必要があるのではないだろうか。

　この枠組みとしてカントは次の二つのものが必要だと考えた。まず人間が世界を知覚する際に、空間と時間という枠組みを使わざるをえない（カントはこれを感性の形式と呼ぶ）。空間という場なしには事物について語りえないし、時間なしには出来事を語りえないのは明らかだろう。さらに人間が認識したものを他者に伝達できるような客観的なものとするには、カテゴリー（範疇《はんちゅう》）（＊60ページ）というものが必要だと考えた。因果関係などもこうしたカテゴリーの一つであり、すべての人がこうしたカテゴリーを共有しているために、人間はたがいにコミュニケーションをすることができるというわけだ。

　この二つのものは、人間が外的な出来事をアポステリオリに認識するために必要な条件であり、認識に先立つアプリオリなものだと言えるだろう。この場合にはアプリオリなものは、個々の認識の経験よりも認識の条件そのものを作りだすものとして理解されている。

アプリオリという語は、ときには自明的に正しいと思われる事柄を指すために使われたりすることもあることに注意しよう。ほんとうは人間が世界を認識することができるのはどうしてかという、深い問題にかかわる概念なのだ。

006

アレゴリー

アレゴリーは伝統的に、寓話という文学のジャンルである。もっと広い意味では、他の（アロス）ロゴスという語源からみてもわかるように、直截《ちょくせつ》に言わずに、言いたいことを別の言葉で表現することだ。その意味ではアナロジー（＊22ページ）や比喩とも深いつながりがある。

【多層性】 しかし隠喩《いんゆ》（＊36ページ）などとは違って、アレゴリーは重層的な構造をとることが多い。イギリスの小説家のスウィフト（一六六七～一七四五）の『ガリヴァー旅行記』に登場する小人の国リリパットの物語などは、ありえないような体験の物語としても読めるし、現実のイギリスの社会の批判としても読めるからだ。

西洋の歴史でこのアレゴリーの多層的な解釈が活用されたのは、『聖書』の読解においてである。『旧約聖書』のさまざまな奇蹟やごく些事《さじ》にいたるまで、それが蔵している神秘的な意味において解読された。たとえばイブを唆《そそのか》して禁じられた果実を食べさせた蛇《へび》は、悪魔というわかりやすい姿だけでなく、オリエントの伝説的な怪物を指すとか、神や天使の別の姿を示したものだとか、嫉妬の象徴であるとか、読解の幅はいくらでも膨らんでいくのである。

【解読】 このように蛇が嫉妬を描くものとすると、アレゴリーの方法は、象徴（シンボル）（＊128ページ）と共通するところがあることに気づくと思う。鳩は平和のシンボルと言われるが、このとき鳩は平和を象徴している。こうした鳩のシンボルは平和や安全や友好などのさまざまな理念を代表するものとして描かれる。シンボルとしての鳩は、こうした理念をだれにでも直感的にわかりやすく示す役割を果たすのだ。

ところが蛇のアレゴリーの場合には、そうはいかない。むしろ蛇という姿に作者がこめようとする意味を解読する必要がある。そしてその解釈は象徴のようにわかりやすいものではなく、つねにその根拠を示しながら未知のものとして提示しなければならない。これがアレゴリーの難しさだ。

[産出] それでもアレゴリー的読解を加えることで、きわめて深遠な世界を切り開くことだってできるのだ。たとえばイタリアの詩人ダンテ（一二六五〜一三二一）の『神曲』は愛の物語、信仰の物語、政治の物語など、さまざまな層のアレゴリーとして作られている。ダンテはギリシア神話や『聖書』など古典の豊富な素材を使って、まったく別の世界を構築するためにアレゴリーの方法を活用したのだ。

ときにこのアレゴリー的な方法は、作品の読解というよりも、みずからの世界を構築するための手段として利用されることもあるのだ。たとえば、日本の『古事記』のような神話や『大鏡』のような歴史物語を手掛かりに、こうした著作の世界とはまったく別の世界を構築することができる。アレゴリーは断片的な注釈ではなく、一つの壮大な宇宙を構築するための方法としても利用できるわけだ。もちろんそのためにはもとになる作品にいくつかの条件がある。人生について語った作品よりも、宇宙的な広がりのある作品を典拠にしたほうが、別の宇宙を構築するのが楽なのは明らかだからだ。

そのときアレゴリーは解読の方法ではなく、もとのテクスト（＊154ページ）からの限りのない脱線の方法となることだってある。そこが作者または読解者の腕のみせどころというわけだ。

アレゴリー的な読解はさらにこじつけに逸脱することもできる。初期のキリスト教の神学者たちは、ギリシア哲学とのライバル心のために、プラトンなどのギリシアの哲学は、実は『旧約聖書』で語られたことを書き直したにすぎないと考える傾向があった。そのとき神学者たちは、自分の解釈に都合のよい方法でもとのテクストをねじまげる暴力を加えていたということになる。アレゴリー的な読解はどんな解読にも一応の理屈をつける魔法の杖《つえ》のような役割を果たすこともあるのだ。

007

異端

異端という概念は、正統という概念と切り離せない。正統的な教えに反していると非難される異端があるためには、正統がなければならないし、正統という概念が生まれるためには、正統的でない異端が存在していなければならないはずだ。正統とは異端との戦いのうちで作られていくものであり、定規で線を引くように、異端を区別する正統的な教えが最初からあると考えるべきではないだろう。

［宗教的な異端］ 異端という概念が西洋で確立されたのは、キリスト教の歴史において、さまざまな教会会議での激しい論争のうちで勝利を収めた理論が確定されるようになっていくプロセスの結果である。何が正統と判定されるかは、その理論的な論拠だけでなく、当時の政治的な背景にも大きく左右されることを忘れてはならない。そもそも教会の会議を開催するのが、宗教的な権威ではなく、ローマ皇帝という政治的な権威であり、皇帝が何を支持するかが重要な役割を果たすこともあったのである。

後からふり返ると、正統な教義がもっとも普遍（＊174ページ）的なものに見えるとしても、どのような視点から見るかで、普遍性そのものが変わってくるのだ。異端とされたアリウス派が正統な教義として定められていたら、その後のキリスト教の歴史も正統的な教義もずいぶん別のものになっていたことだろう。

［他の分野の異端］ 異端という概念はこのように最初は宗教的な領域で使われていたが、やがて宗教以外の分野で主流派から逸脱する流れも異端と呼ばれるようになる。政治の分野では、ソ連をスターリニズムが支配していた頃には、スターリンの理論に抗する理論は異端とされ、多くの政治家が処刑されて姿を消した。ナチス時代のドイツでも、ナチスの公的な理論から逸脱する派閥は異端として処分された。文化大革命時代の中国で、毛沢東《もうたくとう》の理論から逸脱する政治家が処刑されたのは、まだ記憶に

新しい。

　芸術の分野でも、その時点の主流派に対抗する流派は異端と呼ばれることになる。古典派の絵画が主流だった一九世紀半ばには、風景のまったく新しい見方を示した印象派の画家たちは、異端として主流の展覧会から排除されたのだった。ただし絵画や文学などの世界では、異端的な流派は新しい革命的な力をそなえたものとして積極的に評価されることもある。異端は正統という、こりかたまった既成の体制に攻撃を加え、新しいものを創造する力となることもあるのだ。

正統と異端というものは、一つの制度（＊138ページ）への対応として考えるとわかりやすい。ある制度として確立されたものは、その中心的なものを正統として表現することになり、これに反するものは、異端として排斥される。しかし異端にはこの制度を改造し、作り直していく要素がつねに含まれているのである。既存の制度がその正しさと強さを輝かせるかに見えるとき、その制度のうちに慣性のようなものが発生して、変化に抵抗するようになる。正統として確立されたもののうちには、制度の変革の芽をつねに摘んでしまう習慣が形成される。制度のうちに多様性をもちこみ、正統とされたものを相対化することができるのは、異端的な流れでなければならないのである。

　ところで異端にはいくつかの落とし穴があることに注意しよう。まず異端的な思想のうちには、異端であることで満足してしまう危険性がある。あえて異を唱えることに、存在理由を見いだす傾向が生まれることがあるからだ。そして正統のもつ力を認識することができず、異端であることだけに甘んじてしまうのである。

　また異端であることは、正統になるための手段とされることもある。みずから正統とされることだけを目指したり、あるいは異端の流派の内部で、正統と同じふるまいを再生したりすることがある。異端の流派が他の流派を排撃する方法が、正統の流派とまったく同じであることも珍しくないのである。巧みに異端であること、それもまた困難なことである。

008

一元論と二元論

一元論と対立するのは二元論ではなく、多元論であるというべきかもしれない。一元論とは、世界のすべてをある一つの原理で説明することができるという思想であり、多元論とは世界のすべての現象は複数の原理で説明しなければならないという思想だからだ。二元論は多元論の一つにすぎないとも言えるわけだ。しかし二元論はプラトン以来、哲学の重要な思考方法となってきた。ある意味ではぼくたちの思考に住みついた考え方なのだ。

【哲学の歴史】 哲学の歴史が始まってからというもの、哲学は一元論にとりつかれてきたと言ってもいいかもしれない。哲学の「祖」と言われるタレス（前六世紀）は世界を「水」であると断言した。それまでは世界のさまざまな事象を説明するのはギリシア神話の役割であり、自然の現象もゼウスをはじめとした神々の行為として説明されてきたのである。たとえば人間は、運命を司る女神アトロポスが糸を切る瞬間に死ぬことになっていたのである。

しかしタレスの「水」から始まって哲学者たちは、世界を一つの抽象的な原理で説明しようと試みた。あるものは世界は「火」であると語り、あるものは「存在」という一なるものだと考えた。この一元論的な説明は、天の一者からすべての世界が流れだしたと考えるプロティノス（二〇五～二七〇）の新プラトン主義の哲学などにも引き継がれる。歴史の全体を「絶対的な精神」が実現するプロセスと考えたドイツ観念論の代表であるヘーゲル（一七七〇～一八三一）の弁証法（＊182ページ）の哲学も、歴史を動かす要因を経済的なものに見定めようとしたマルクス主義の唯物論（＊202ページ）も、同じように一元的な説明を試みる思想だといってもいいだろう。

【二元論の魅力】 しかし世界を一つの原理だけで説明するのはかなりの力技ともいうべきものである。「万物は流転する」とヘラクレイトス（前六世紀）が語ったように、この世界は変化の絶え間ない現象の世界であり、この変動し続ける世界を一つの原理だけで説明するのは困難に思えるからだ。そこで登場したのが、流転する現象の世界と、変化しない理念（イデア）の世界を対立させるプラトンの哲学だった。プラトンはこの変化し、生成する世界の背後に、変化と生成を可能にする不変の世界が存在すると考えた。変動する世界も、このイデアの世界を模倣することで可能となると考えたのだ。

この二元論という思考は、イデアを「精神的なもの」、変化する世界を「身体的なもの」と考えることで、心身二元論を生みだす原動力となった。ぼくたちの精神は身体という牢獄《ろうごく》にとどまっているが、死とともにこの身体を離れて、イデアの世界に帰還することができるかもしれないと考えたのである。近代の哲学の土台を築いたデカルト（一五九六〜一六五〇）も、思考する精神こそがもっとも確実なもので、身体は物にすぎないと考えた。

ぼくたちには、自分の身体とは別に精神というものがあると考える癖がある。これはどこの文化にも見られる共通した思考習慣であり、そのことは否定できない。だから二元論という思考はどうしても捨てがたいのだ。精神と身体だけではない。ぼくたちの思考の習癖となっている二元論的な対立には、善なるものと悪なるもの、光と闇、実在と仮象（＊56ページ）、絶対者と絶対でない存在、神と人、エロスとタナトス（＊46ページ）など、さまざまな対立関係が思考の枠組みのように使われるのである。

二元論は、奇抜な議論を展開するには魅力的な方法になる。なじみの世界が二元論的なものだけに、それを貫く一つの説明原理を提示することは、この多様な世界を理解するためにとても役立つことだからだ。そこではぼくたちの想像力と構想力が試されることになる。一方では二元論は使いやすいものであるだけに、つい安易に用いてしまう傾向がある。人間の世界は善悪だけで語ることはできないはずだとはよくわかっていても、善玉と悪玉の対立構図はすっきりする。それだけに二元論の枠組みのもつ安直さをどう補っていくかという工夫が求められる。

009

イデオロギー

イデオロギーは辞書では「人間の行動を支配する根本的な考え方の体系」として説明されていることが多い。マルクス（一八一八～八三）は、さまざまな理論が科学的な装いのもとで、資本主義の支配体制を擁護することを暗黙のうちに目的としていると考え、これをイデオロギーだと批判した。たとえば古典経済学は数学を使った客観的な科学であることを自称しているが、実は資本主義を擁護する機能を果たしているというわけだ。イデオロギーが意識的な形で使われて、体制擁護を直接の目的とするときには、デマゴギーと呼ばれることが多い。

イデオロギーの特徴は、表面から見る限り、特定の体制を擁護したり支持したりするものとは見えないことにある。マルクスは、哲学のような普遍性を目指す理論でも、無意識のうちに体制を補強する役割を果たしていることがある点に注目したのだった。

［諸刃の剣］ ある理論をイデオロギーであり、意識せずに特定の体制を擁護していると批判することは、その機能が無意識的なものであることを指摘する限りにおいて、諸刃の剣のような役割を果たすことに注目しよう。それが無意識的なものであるということは、批判された側にとっては、特定の体制を擁護していることを否定できないということである。だからある理論をイデオロギーと批判する側は、相手の反論を禁じてしまうことができるという優位を手にする。

ところがこの優位はみずからに跳ね返ってくる。その理論をイデオロギーだと批判された側は、同じ論理をもって相手の理論をイデオロギーだと批判することができるのだ。そして相手は、それに理論的に反論することができない。マルクス主義はブルジョアジー（資本家階級）の理論をイデオロギーと批判したが、すぐにブルジョアジーの陣営から、マルクス主義こそがイデオロギーであると反批判されたのだった。

［終焉論］ イデオロギー的な対立はもはや終焉《しゅうえん》を迎えたという議論が、アメリカを中心として第二次世界大戦後から活発になってきた。さらに冷戦が終わると、社会主義と資本主義のイデオロギーの対立という構図はもはや無効になったことも、この終焉論を後押しすることになった。もはやイデオロギーではなく、実証的な科学の時代となったというのである。しかし、イデオロギーが終焉したという議論そのものがイデオロギーとしての役割を果たす可能性があることから目を背けてはならない。これは資本主義の論理が世界を支配しているという事実的な確認と、それが世界を支配することが望ましいという倫理的な主張をともに含むものだからだ。

［イデオロギーの外部］ このイデオロギーの理論については、アルチュセール（一九一八〜九〇）の議論を忘れることはできない。アルチュセールは、近代社会においては人々が主体（＊126ページ）となるためには、イデオロギーという枠組みを必要とすると強調したのである。社会の中で生きるためにはさまざまな観念（＊70ページ）の枠組みを必要とする。善悪、正義、責任などの価値判断そのものが、こうした外部の枠組みのうちでしか形成されないのである。一つの文化の中で生きるということは、一つの価値体系のもとで生きるということであり、それはだれもがあるイデオロギーの中で生きているということだ。自分の議論にはイデオロギー的な要素はないと主張することは、最悪のイデオロギーのうちに落ち込むことなのである。

だからといって、自分の思考の枠組みそのものであるイデオロギーをそのまま受け入れてもよいということにはならない。ぼくたちが無意識的にどのような思考の傾斜の上に立っているか、どのように考え、どのように判断する傾向があるか、それが文化的にどのように規定されているか、これを考えることは思考にとっての重要な課題だからである。イデオロギーを単純に批判することも、そのまま受け入れることも、みずから思考するという課題を放棄することにほかならないところに、イデオロギーの難しさがある。

イメージ

イメージという語は広がりの大きな語だ。像、表象（＊168ページ）、印象などさまざまな意味で使われるので、注意が必要だ。イメージは、ほんものでは「ない」という否定的な意味をそなえている。「イメージだけでものを言う」というように使われると、本質を理解せずうわべだけを見ていると非難していることになる。イメージは表層にすぎず、本質はその背後に隠されているというわけだ。しかしぼくたちが何かを認識（＊160ページ）するとき、物そのものを把握することはできない。外界の事物を認識する手段は「像」としてのイメージなのである。

［模像］ このように外界の事物を把握するには、事物そのものでなく、その「像」によらなければならない。プラトンは変動するこの世界の事物は、そもそも真なる実在を模倣したものにすぎないと考えた。机は机のイデアのイメージを分かちもつことで机になるのだというわけだ。だとすると、机の像を描いた絵画は、実在よりも劣った事物を模写したものにすぎないから、模写の模写、事物よりもさらに劣ったものだというわけである。プラトンはこれを「模像」と名づけ、物そのものから二重に離れていると考えた。

［印象］ 世界をイデアとそのイメージという二元論（＊30ページ）的な対立で考えるこのプラトンの哲学は、なかなか魅力がある。でも外界を認識するには、この「像」によるしかないのもたしかだ。ぼくたちは生まれてから、自分の身体（＊134ページ）をもって知覚してきたことをもとにして、世界について判断をするようになる。だから人間の認識にとっては、事物のイメージこそがもっとも大切な意味をもつ。人間の判断の根拠は知覚されたイメージだけなのだ。

［思考停止］ こうしてだれもイメージなしでは世界を認識することができない。ただし、イメージというものが無《む》垢《く》ではないことにも注意しよう。ぼくたちは見えるもの

すべてを見ているわけではないし、存在しないものを見ていると思い込むことがある。見たと信じ込んだことで、考えまで左右されることもある。像にはつねにある思い込みがまつわりついていて、同じものについてそれぞれが別の像を抱いているかもしれないのだ。

たとえば湾岸戦争のときに原油にまみれた鳥の写真が人々の目を奪った。あとでこの写真はメディアの操作による「でっちあげ」であったことが明らかになったが、まっ黒に汚れて飛べなくなった鳥のイメージが、湾岸戦争の正当性と、戦争と環境破壊についての考え方を決定してしまったのはたしかだ。ときにイメージはぼくたちから自分で考える力を奪い、他者の思想が押しつけられることもある。

【情報操作】またアメリカの同時多発テロの後、崩れるツインタワーの映像がテレビで何度も映しだされた。たしかに繰り返し放映する価値のある映像だったが、ツインタワーがテレビの画面を占領することによって、ある情報操作が行われていたこともたしかだ。アメリカ国民は悲劇の感情と報復の意思とを二つながらに感じ続けたはずである。さらにあの映像が流されることで、ほんらいなら映されるべきなのに、無視されることになった映像も多かったはずなのだ。

アメリカの大統領選挙ではテレビ討論が重要な役割を果たす。二〇〇〇年に行われたゴア候補とブッシュ候補の討論では、ゴアがこれみよがしに溜め息をつくたびに、票が減っていったという。現代の政治の世界は、メディアにおける政治家のイメージが選挙を左右するほどに、イメージの力は大きくなっている。

テレビや映画では、ほとんど見えないほどのわずかな時間だけ、明確なメッセージを伝える画像を流すことで、視聴者の無意識（＊194ページ）に訴えて、広告したり政治的なメッセージを伝えたりするサブリミナルという手法が利用されることがある。

ぼくたちは無意識的な欲望（＊208ページ）には強く影響されるだけに、思考の方向性そのものを決定してしまうイメージの力にはつねに警戒を怠らないようにしたい。

011

隠喩（メタファー）

隠喩《いんゆ》は比喩のなかではもっとも好まれるものだろう。ここで主な比喩について確認しておこう。あるものを「……のようだ」と直接に譬《たと》えるのが直喩《ちょくゆ》だ。「光陰矢のごとし」というのは、過ぎ去る時間の速さを飛び去る矢で譬えたものだ。部分的なもので全体を代表させるのが換喩《かんゆ》だ。新聞などではよく「ワシントンによると……」という表現を目にする。これはワシントンというアメリカの都市がメッセージを発したのではなく、アメリカ政府をその首都名で示したものだ。また隠喩は、「……のようだ」と直接に語るのではなく、それに類似したもので語る。少女の涙を桜の花に譬えたとき、少女の眼から風もなくはらはらと薄いピンクの桜の花びらが散り始めるかのような像が浮かびあがる。

【起源】 隠喩は詩の作品で使われることが多い。だから日常の散文的な言語にとっては、隠喩は付随的なもの、なくてもかまわないものとされることが多い。隠喩を使わなくてもコミュニケーションできるのはたしかだろう。ただ隠喩というものはたんにあるものを別のものと比較して、そこになかった像をつけ加えるということに限られるものではない。語そのものに、隠喩としての性格があるのではないだろうか。

たとえば「魂」という語を考えてみよう。昔の日本人は、人間には生命の源のようなものが宿っていて、これがなくなると死ぬと思っていた。それが「たま」と呼ばれた。この語が使われるとき、隠喩の機能が働く。桜の木を桜と呼ぶのとは違って、はっきりと特定できる対象はないのに、命の源のような存在を想定したからだ。

そしてさらにこの語を隠喩的に使ってさまざまな語が作られる。ひどく驚くと「魂消《たまげ》る」というし、改心したときには「魂を入れ替える」という。魂がまるで火のように、あるいは取り出して新しいものに変えることのできるもののように考えられているのだ。だとすると隠喩は言語の付随的な機能などではなく、もしかすると言語の根っこのところにある起源のようなものかもしれないのだ。だから隠喩は詩人だけのものではなく、言葉が生まれるための原初的な体験そのものを指しているのかもしれない。

【働き】 隠喩はさらにぼくたちの思考方法を規定することがある。たとえば指導する者を「頭」と呼び、使われる者を「手足」と呼ぶような比喩は多い。人間の身体は隠喩の源泉でもあるのだが、それがぼくたちの思想を規定してしまうことも考えておくべきだ。

また時を川のような流れで譬えることがある。そうすると、時間は一方向に流れ去るものというイメージ（＊34ページ）が生まれる。するとぼくたちはもはやこのイメージでしか時間について思考できなくなる。古代のギリシア人たちは、星の回転運動を観察した結果、時間を円でイメージしていた。そして歴史は繰り返すものだと信じていた。しかしいまやぼくたちにはそのような思考ができなくなっている。それほど隠喩のもつ力は大きいのだ。

【別の思考】 反対にぼくたちは、隠喩の力で思考することもできるのではないだろうか。ぼくたちになにかがひらめくとき、それは論理的な推論によって生まれたものではなく、アナロジー（＊22ページ）や隠喩の力によるところが大きいのだ。光を波の比喩で考えるのと、粒の比喩で考える二つの方法がある。どちらも光の性質について多くのことを教えてくれる。

だからぼくたちは隠喩の力を活用するとともに、隠喩が歴史的・文化的なものとして形成されてきたものであることも忘れてはならない。真理を太陽の光でイメージするように、西洋の思考方法は西洋の伝統的な隠喩の力で規定されているのだ。このことを自覚することは大切なことだ。西洋の思考の枠組みを作りだしているもの、西洋の思考の運動を背後で動かしているものがわかれば、その思考方法につきものの落とし穴に落ちることを避けられるかもしれない。反対に日本に特有の思考方法につきものの隠喩を理解することができれば、ぼくたちの思考方法につきものの落とし穴のありかを見分けることができるかもしれない。

012
エートス

エートスはギリシア語で、社会に固有の習慣や人々の気質を意味する。だからエートスとは、ある共同体の道徳や習慣として、人々を内側から律するものである。人間の行動に影響を及ぼすものであるが、それが明確に意識されていないことが多い。エートスの学である倫理学（エシックス）とは、個人のさまざまな気質について、そしてその個人が生きる社会において習慣となっている「人の道」について考察する学問なのだ。

【気質】 アリストテレス（前三八四～前三二二）の倫理学では、個人の気質としてのエートスに焦点を合わせる。個人には、知性によってもたらされる徳と、倫理によってもたらされる徳がある。知性によってもたらされる徳である卓越した知識は学習によって修得する。しかし倫理によってもたらされる徳、たとえば勇気や寛大さは、共同体の習俗によって培われる必要があると考えたのである。アリストテレスは人間には極端に傾きやすい傾向があるために、共同体のエートスの力でまっすぐに直すことが必要だと考えたわけだ。

ここで注目したいのは、このエートスは目指すべき状態であるとともに、知性による学習のような積極的な行為ではないということだ。個人の自然な傾きがまっすぐに直されるのであり、その個人は受動的に習慣づけられるものであるということである。このエートスは、古代のギリシアのポリスが理想とした徳であり、個人はエートスの力で、こうした理想に自分を近づけていくことを修得するのだ。

【資本主義のエートス】 エートスという概念を考えるときに忘れてはならないのは、ドイツの社会学者のウェーバー（一八六四～一九二〇）である。ウェーバーは資本主義の歴史を考察しながら、資本主義が形成される上では宗教改革派のプロテスタントの倫理的な考え方が重要な役割を果たしたと考え、これをエートスという概念で呼んだ。このエートスは、古代ギリシアのエートスとは違って社会的なものというよりも、宗教的な性格のものだ。
ウェーバーは資本主義の社会では、それまでの貴族社会のように獲得された富が欲望の充足のために利用されるのではなく、資本として蓄積されるようになったことに注目する。働くのは利益を得るためであるはずなのに、獲得した富が使われないのは、経済的な理由ではなく、人間を深いところで動かしているもっと内的な理由があるのではないかと考えたのだ。

ウェーバーは、プロテスタントが修道僧のように社会の外部の施設に閉じこもって禁欲するのではなく、社会の内部で生活しながら禁欲し、自分の仕事を神から与えられた天職と考える傾向をもつことに注目した。こうして勤勉に働き、社会の内部で禁欲するために、その利益は自分の快楽のために使われず、資本として蓄積されるようになるというシステムが構築されたのである。

資本主義という経済的なシステムを作りだす原動力を一つの宗教的な集団の気質《エートス》に見いだそうとするウェーバーの視点はユニークであり、エートスという概念を膨らませる上で大きく貢献した。エートスが固定された社会集団の習俗に限らず、あるグループの「気風」のようなものにも適用できるようになったからである。

共同体の習俗としてのエートスは、ぼくたちを無意識的に行動させる力をもつ。お辞儀の仕方や箸《はし》の使い方など、社会に固有の行動作法を小さい頃からずっと教え込まれてきた。それに背くことがときに困難なほどだ。ぼくたちの身体に住みついている社会的な習慣のことを、フランスの社会学者のブルデュー（一九三〇〜二〇〇二）はハビトゥスと呼んだ。

このハビトゥスという概念は、社会に固有なものだけでなく、特定の階層や階級に固有な習慣という意味ももっている。貴族と職人たちではふるまい方そのものが違ってしまう。フランス人の貴族がフランス人の職人と理解しあうよりは、社会的にかなりの違いがあるドイツの貴族たちと理解しあうほうがたやすいだろう。貴族のハビトゥスは社会の壁を簡単に乗り越えることができるからだ。

013
エクリチュール

エクリチュールというのは、「書かれたもの」を示すフランス語である。なぜフランス語を使うのか疑問に思われるかもしれない。これはデリダ（一九三〇〜二〇〇四）というフランスの哲学者が作りだした特殊な概念なのだ。

【書くこと】 まず書くという行為は、ぼくたちにはごくあたりまえのことに思えるが、古代の人々にとっても、無文字社会の人々にとっても、これは特殊な技術だったことを忘れないようにしよう。

プラトンは文字を使って書くということは、記憶する努力を失わせるし、書かれたものはその場面ごとに変えることができないので信頼できないと考えていた。たとえば中世のイギリスの裁判で、部族のもつ権利や土地の所有権を決定するには、古文書よりも当事者の証言のほうが重視されていたのである。文書はどこか疑わしいものとされていたのだ。

しかし反対に、書かれたものが神聖なものとされることがある。社会のうちに文字が導入されて人々が文書を読むようになると、語られた言葉だけを使っていたときとは、文書に対する意識がかなり変わってくる。『聖書』は聖なる書物として崇められたし、新聞や書物に印刷された言葉に、どこか不思議な権威がそなわるのもたしかだ。

【声の現前】 デリダもこの文字と語られた言葉の対立から考察を始める。プラトンは文字よりも語られた言葉を重視していたが、その語られた言葉について考察するときには、いつでも書かれた文字をもとにして考えていた。書かれたものは語られた言葉よりも劣るとされながら、準拠していたのは書かれたものだったのである。

デリダはこのプラトンの無意識的な文字の軽視のうちに、西洋の哲学には声で語るという行為が文字のようなものを媒介せずに透明で、論理的で歪曲のない営みであるという信仰のようなものがあることを暴きだす。いまここで語るという「現前」性が尊ばれているのである。しかしこの現前性というのは西洋の哲学の追い求める夢で、現前はつねに過去の亡霊に脅かされている。いまここで語る行為は、それまでに語る主体が経験してきた過去の営みなしでは不可能なことであり、この主体を生みだすことのできた社会の過去の蓄積なしではありえないことである。語る言葉は書かれた文字なしにはそもそも語られることもないのである。

デリダはこの現前性と自己との同一性への信仰が、プラトンの語る言葉に対する信仰と同じように、書かれたものに対する蔑視を示しながら、実は書かれたものに依拠していることを明らかにする。そのためにエクリチュールという概念を提示するのである。このエクリチュールは語られた言葉（パロール）に対立する書かれた言葉そのものを意味するのではない。語られた言葉を蔑視して書かれた文字を信仰するのであれば、現前性への信仰を裏返したことにしかならない。この対立そのものが倒錯を含んでいること、語られた言葉のうちにも、書かれた文字と過去の伝統の痕跡《こんせき》が潜んでいることを示すために、エクリチュールという概念を提示するのである。

だからエクリチュールは概念というよりも、戦略的な装置のようなものだ。文化や自然、動物や人間などの二元論（＊30ページ）はわかりやすい。でもこうした二元論的な対立には、書かれた文字と語られた言葉の対立のように、相手に依拠しながらそれを否定するという倒錯が含まれていることが多いのだ。エクリチュールとは、こうしたわかりやすい対立関係を外す（脱構築する）戦略の名なのである。

ところで書かれた文字のうちでも、西洋の表音文字であるアルファベットはもっとも抽象性が高く、普遍（＊174ページ）的なものだと主張されてきた。漢字のような表意文字よりも、語られた音声を再現する表音文字のほうが優れているという西洋の哲学の伝統的な信念に、無意識のうちに自民族中心主義が潜んでいるのであり、エクリチュールという概念装置は、こうした西洋の哲学の無意識を暴くためにも役立つのである。

014

エゴイズム

ぼくたちはだれもが自分のことをかけがえのない人間だと感じたがっている。このぼくは世界のうちでただ一人しかいないのだし、ぼくが死んだらぼくにとっては世界も同時に消滅するからだ。エゴイズムとは、自分にとって自分だけが重要だと考えるもので、心理学的にも十分な根拠がある。

【自己愛と利己愛】ところがエゴイズムというのは、ふつうは非難の言葉として使われる。自分を大切に思うことが、非難されるふるまいとなるのはどこからだろうか。この問題を考えるには、一八世紀のフランスの思想家のルソー（一七一二〜七八）のように、自己愛と利己愛を区別してみるといいだろう。自己愛というのは、存在し続けようとする自己への愛情であり、これを失うことは、その個人にとっては生きることとの意味を失うことであり、精神の病の兆候とも言えるものである。ところが利己愛というのは、自分にとっては他人のことはどうでもよいと考え、自分の利益だけを重視することだ。エゴイズムにはほんらいはこの二つの側面が含まれるが、利己愛と同じものとして考えられると、非難するための言葉となってしまうわけだ。

問題なのは、人間にとって自己愛は大切だが、それだけでは生きていけないことにある。人間はだれもが最初は「寄る辺なき存在」として生まれる。他人の助けなしにはそもそも生き延びることもできないのだ。だから自己愛を実現するためには、他者（＊148ページ）の助けが必要であり、他者への愛が支えとなっているのである。その意味ではこの他者愛も、自己愛の一つの形である。

しかし利己愛の場合には、この他者への愛情の向け換えがあまりうまく行われていないと考えることができる。自己への愛情が強くなりすぎると、他者への愛と自己への愛のバランスが崩れて、他者をたんに自己の利益の手段としてしか見なさない場合もある。これがエゴイズムの非難されるべき形である利己愛として示されるのだ。

[エゴイズムの矛盾] エゴイズムの利己愛はこのように他者を自己の手段としようとする。しかしそのことが他者にも明白になってしまうと、それはエゴイストにとっても損失である。だからどこかで妥協しなければならないわけだ。ぼくたちは社会のうちで、家族、友人、同僚たちなど、さまざまな人々との関係のうちに暮らしている。ぼくたちはいわばこの関係の網の目であり、この網の目がとぎれてしまったら生きていくことができない。エゴイズムはしかし、網のすべての糸を少しだけ自分のほうに引っ張ろうとする。ただ、ちょっと力をかけすぎると、糸は切れてしまうものなのだ。エゴイズムを貫くと、ほんらいの目的が実現できなくなるのが、エゴイズムの矛盾である。

利己主義の反対は利他主義と呼ばれる。動物たちがときに利他的な行動をすることが動物行動学の研究でも明らかにされている。近くに危険な動物がいることに気づいた母親のヒバリは、うまく飛べないふりをして雛《ひな》たちを逃がそうとする。自分の命を危険にさらしてまでも子どもたちの命を救おうとするこの行為は、動物が利他的な行動をする証拠とされてきた。

ただしこれは自分の生命をリスクにさらしても、自分の遺伝子を守ろうとする行動であるという「利己的な遺伝子」の機能によるものであるという理論が提示された。生物は自分の遺伝子を保存することを第一の目的としており、利他的な行動をするのも、遺伝子が利己的な行動をするからだということになる。

これは利他主義のうちにも別の形で利己主義が潜んでいると考えるものであり、動物の利己主義をさらに強調する考え方だ。ただし人間や動物の行動には次元の違いがあることも忘れてはならないだろう。ぼくたちは動物としてはもしかしたら遺伝子を守るように行動するのかもしれない。しかし市民として、国民として行動する場合には基準が異なってくる。遺伝子の利己主義的な解釈で、市民としての行動まで理解することができないのは明らかだろう。

015

エコロジー

エコロジーは生態学とも訳される。人間を含む生物は、他の生物や自然の環境（＊66ページ）との相互作用のうちに存在している。この関係を考察するのが生態学だ。地球温暖化が重要な問題となりつつあるいま、脚光をあびているといってもよいだろう。

［生態系］ 地球は自然にできた大きな温室のようなものだ。気温は一定に保たれ、そこから脱出するエネルギーや物質は、自然の力で細かにコントロールされている。この緑あふれる惑星が存在し、ぼくたちがそこに生活しているのは、奇蹟のようなことなのだ。

この生態系のコントロールはしごく微妙なものであり、地球を囲む大気から漏れだす物質やエネルギーが変動すると、地球全体のバランスが崩れてしまいかねない。いますぐではないとしても、ぼくたちの子孫の時代には大きな影響を及ぼすかもしれない。それだけにぼくたちは気温やオゾンなどに注意を払う必要があるのだ。生態系を考察するこの学問の重要性はそこにある。

［生物のバランス］ 地球の生物の世界には微妙なバランスが存在している。植物が光合成を行い、動物が植物を食べ、動物が動物を食べ、そして死んで土に戻っていく。この生物の生態系のバランスを崩すと、思わぬ被害が発生することがある。たとえばそれまで生態系に生存していなかった動物を外部から持ち込むと、生物のバランスが崩れることがある。ブラックバスが池や湖を荒らしているのは有名だろう。遺伝子組み換え大豆を導入すると、生態系に思いがけない変化が発生するかもしれない。この病害虫に強い遺伝子をもつ大豆がむやみと繁殖し、他の植物が生存できなくなることも起こりうるからだ。

動物生態学や植物生態学などは、こうした生物のネットワークにも眼を注いでいる。杉の木を無計画に植林したために花粉が大量に発生して花粉症が流行するなど、ぼくたちに身近な問題にも取り組む学問なのだ。

［環境保護］エコロジーは環境保護運動の重要な手段となる。環境を保護するには、「環境にやさしく」という掛け声だけでなく、生態系についての詳細な知識と学問が必要だからだ。現在では環境保護運動とエコロジーがほぼ同じようなものと見なされる。エコロジストというと、動物生態学や現地の生態系を研究する自然科学者ではなく、環境保護運動家を意味するようになったのだ。

　このエコロジー運動は、自然保護を訴えるあまり、ときに過激な主張を伴うことがある。ディープ・エコロジーという理論は、人間ではなく環境を保護することを重視する。人間の生活という観点からの環境保護運動を、人間中心主義として批判するほどだ。

エコロジー運動の背景にあるのは、人間と自然の関係についての哲学の長い歴史である。ユダヤ・キリスト教の伝統では、自然とすべての生物は人間のために作られたものであり、人間が生物を殺して食べることは当然のこととされてきた。人間が自然に手を加えることも、人間の役に立つ限り許容されてきた。キリスト教の伝統のもとで発達した科学と技術の力は、自然を改造することで示されてきたのである。

　しかしこの西洋的な科学と技術への信仰が、自然環境を大幅に損ねていることが明らかになるとともに、人間と自然の関係が考えなおされるようになってきた。核爆弾の製造は、それまで存在しなかった原子を核分裂によって人為的に作りだしたという意味で、科学による自然の改変を象徴する出来事だった。そして遺伝子操作は、自然の遺伝子に手を加え、予想もつかない状態を招く可能性があるという意味で、科学による生命の改変を象徴する出来事となる。人間にもエコロジー的なまなざしが求められる。

　これは人間が置かれている条件そのものを改変する営みにほかならないからだ。ぼくたちがまだ経験したことのない新しい事態が生まれつつあるのである。このため自然と環境に向かう姿勢が、科学の対象となる中立的なものではなく、ぼくたちの生き方にかかわる倫理的な性格のものとなってきたのだ。

016

エロス／タナトス

エロスというのはふつう性愛という意味で用いられるが、現代思想の分野ではもっと広く、生命保存の原理というほどの意味で使われる。もともとはオーストリアの精神科医フロイト（一八五六〜一九三九）の精神分析において、人間が自己を保存しようとする本能的な衝動をもっていることを意味する。

　これに対してギリシア語で死を意味するタナトスは、死の欲動の原理である。ぼくたちは自己を愛し、他者を愛する強い欲望だけでなく、ひそかに自己破壊的な欲望に動かされることもあるのだ。

【エロスとナルシシズム】 生命保存の原理としてのエロスには二つの側面がある。自己保存という生物学的な欲動としての側面と、性愛という非生物学的な欲動としての側面だ。まずぼくたちは生存するためにご飯を食べ、水を飲む。規則的な眠りも必要だし、適度な運動も欠かせない。食欲のような欲望はぼくたちが生物として生きるために必要なものだ。この自己保存の欲動が欠如すると、生存できなくなる。

　これに対して広い意味での性愛というものは、生物学的な必要性に基づいたものではない。ぼくたちはペットに人間よりも愛着することもあるし、異性に対する愛情も生殖の必要性に基づいたものではない場合が多い。このエロスはときに幻想のような性質をおびるのであり、異性そのものではなく、異性の頭髪や足に欲望を固着させるフェティシズム（＊172ページ）のような倒錯を生むこともある。

　ただこの二つは完全に分離できるものではないのがおもしろいところだ。人間の自己保存の欲動はナルシシズムと呼ばれることがある。人間はだれもがある程度のナルシシズムをそなえているのであり、この自己保存の欲動なしでは生きていけないのである。ところがぼくたちが社会で暮らしていくためには、自分のナルシシズムの一部を外に向け、他者に向けることが必要となる。人間の性愛は、他者に向けられたナルシシズムを起源とするとも言えるのである。

【タナトスとマゾヒズム】フロイトはまた、人間には不可解な死の衝動とも言えるものがあることに注目した。交通事故など生命を脅かす経験をした人が、それを繰り返し夢に見ることがある。フロイトは夢は欲望の充足だと考えていたから、これを夢に見ることは死を欲望していることになる、というのだ。密かな自殺欲望を抱えている人のいることは、よく知られているだろう。ぼくたちには自分の死を望むマゾヒズムが存在しているのではないかと考えたのである。

またフロイトは孫の一人遊びを観察していて奇妙なことに気づいた。孫は糸巻をベッドの下に転がしてはオーと言い、糸をひいて糸巻を取りだしてはダーと言って遊んでいたのである。オーが「いない」を意味すること、ダーが「いた」を意味することが確認された。

赤ん坊に「いないいないばあ」の遊びをすると、ふつうは「ばあ」のところできゃっきゃっと喜ぶ。しかしフロイトの孫は「いないいない」のところで喜んでいた。フロイトはそのことを、その頃母親が外出がちだったことから解釈した。孫は母親の不在に耐えるために、糸巻を見えなくすることで、母親の不在を自分の力の及ぶものとして喜んでいるようだった。孫は母親を象徴的に「殺して」いたのであり、そのことによって自分を苦しめながら、喜びを感じていたとも見られるのである。

このようにフロイトは生の欲動であるエロスと死の欲動であるタナトスを対立させて考えたが、ここには奇妙な逆説がある。フロイトは、エロスは人間が愛しあう人と一体になろうとする欲望だと考えた。しかし同時に死には、人間が誕生する以前の原初的な一体性に戻るという意味があるとも考えたのである。だとするとエロスの欲動も死の欲動も、失われた一体性を回復しようとする衝動だということになる。エロスとタナトスは、人間を動かすさまざまな欲望の二元論（＊30ページ）だが、実は原初の状態への回帰という一元論的な欲望の二つの姿なのかもしれない。

017
演繹／帰納

演繹《えんえき》は帰納《きのう》と一緒に考えてほしい。推論の二つの主要な型だからだ。演繹するというのは、まず一般的な法則を立てて、それを個別の事例にあてはめる推論のやりかただ。帰納というのは、多数の個別の事例をもとにして、一般的な法則を定める推論だ。一般的な法則に帰ってくるので帰納だと覚えるといいかもしれない。

【演繹】演繹はまず一般的な法則を立てる。「人間は死ぬものだ。ぼくは人間である。だからぼくは死ぬ。」この三段論法は前提が正しく、ぼくが人間という集合に所属することが確実であれば、かならず正しくなる。演繹とは、正しい推論のことであり、論理学とは正しい推論について研究する学問のことである。

　ただし問題なのは、演繹は絶対に正しいとしても、それは推論の形式だけの正しさであり、内容の正しさではない。ぼくがもしサイボーグであったならば、人間という集合に属するものであるかどうかは定かではなくなる。医学がさらに威力を発揮して、臓器を交換しながら不死を実現できるようになるかもしれない。その場合には死の定義そのものが変わってくるので、論理的な形式は正しくても、事態を正しく示す推論ではなくなるかもしれない。

　あるいは推論の背景にあるゲームの規則を変えるだけでも正しさは失われる。1＋1＝2というのは、十進法の計算であるという前提のもとでだけ正しい。二進法では1＋1＝10と答えなければならなくなる。論理的な正しさというのは、いくつもの約束ごとに守られている場合だけに言えることなのだ。

【帰納】帰納は多数の観察例を集める。カラスを観察し、一羽のカラスが黒く、二羽目も黒く、千羽目も黒いとすると、すべてのカラスは黒いという推論を定めることができる。しかしこの推論は演繹とは違って、絶対に正しいとは言えない。推論の形式にその結論の正しさを証明する力がないからだ。だから一羽でも白いカラスが登場すると、この推論は間違っていたことが明らかになる。帰納はつねに誤りになる危険性に脅かされた推論なのである。

　しかし考えてみれば、物理学などの自然科学で真実とされている法則はどれも多数の測定と観察に基づいて構築されたものである。幾何学などは初めに公理を立てて、定理を定めて順に演繹していく。だから前提さえ認めれば、絶対に正しい体系ができるはずだ。しかし観察に基づいた法則は、その観察に反する事実が出てくれば、それは間違っていることになる。観察に反しなくても、その法則で説明できない事実が確認された場合には、もっと別の法則に代えられる可能性もある。ニュートン（一六四二～一七二七）の物理学はずっと正しい体系だと考えられていたが、アインシュタイン（一八七九～一九五五）がこの物理学では説明できない事実を指摘し、それを説明できる新しい体系を提示したので、絶対に正しい体系ではなくなったのである。

また帰納に関しては反証可能性という概念を考えておきたい。科学と哲学の関係について考察したポパー（一九〇二～九四）は、一つの事実でその推論の正しさが否定されるという帰納の欠陥を逆手にとって、反証できることが科学の資格だと考えた。科学の世界である発見を行うと、他の科学者がそれを反復してみて、それが正しいことを検証した場合に限って、その発見が認められる。同じ実験をしてみて、その発見に反する結果が出た場合には、それは科学的には否定されるのだ。たとえどんな立派な体系でも、他の人々が反復してみて、その正しさを確認できないものは、客観的に検証できる方法がないので、科学とは認められないことになる。

　精神分析では患者が否定するということは、無意識のうちにそれを肯定していることだと考える。マルクス主義にはイデオロギー（＊32ページ）という仕掛けがある。どちらも客観的に検証ができない仕組みになっているのだ。だからポパーは、反証できる仕組みをそなえていないものは科学ではないと主張するのだ。

018

エントロピー

もともとは熱力学の用語で、エントロピーは一つの閉じたシステム（＊122ページ）の乱雑さと秩序を示すものだ。エントロピーが大きくなるということは、秩序の乱雑さが大きくなるということであり、秩序はつねに乱れた状態になる傾向を含んでいる。だからエントロピーはつねに増大する――これがエントロピーの基本法則である。反対にエントロピーを減らして秩序を維持するには、エネルギーが必要になる。この概念は、地球環境（＊66ページ）や廃棄物の問題と重要なかかわりがあるために注目されている。

【宇宙】宇宙のエントロピーが最大になると、宇宙は熱的な死を迎えることになる。古代のストア派の哲学者たちは、周期的な宇宙大火が発生して宇宙は燃え尽きると考えていたが、熱力学的な法則によると、宇宙は最後には秩序を失ってカオス（＊112ページ）に戻ってしまうらしい。そのときには生命もすべて失われてしまうだろう。ストア派は宇宙がまた同じように誕生すると考えていたけれど、それには巨大なエネルギーが必要となる。ふたたび地球が誕生し、生命が生まれるためには、このエントロピーの法則を逆転させるものが必要なはずだが、それはどこから生まれるのだろうか。ストア派の終末論的な宇宙論からは、再生の道は見えてこない。

【地球】だから生命にあふれた地球という惑星が誕生したということは、エントロピーの概念から見ると不思議なことなのだ。無機物から有機物が生まれるためには、外部からエネルギーを与えるものが必要だったはずなのだ。それは地球に無尽蔵に贈与された太陽エネルギーの力だったと考えることができる。

　ところで地球の環境の内部でも、エントロピーはつねに増えており、それを減らすには多大なエネルギーが必要になる。もしも海洋に原油を流してしまったらその原油を分離するのは大変な作業であることはすぐにわかるだろう。川を汚す廃水、密かに山中に捨てられる産業廃棄物、これらはどれもエントロピーを増やすものであり、このエントロピーを減らして秩序を回復するには巨大なエネルギーが必要とされる。公害はエントロピーと切り離して考えることはできないのだ。

　そして地球を一つの開かれたシステムとして見ると、地球は外部にエントロピーをゴミとして放出していることになる。このゴミがどのようにして捨てられるかは、重要な問題であり、地球の温暖化はぼくたちが過剰なゴミを宇宙に捨てていることから発生したのだと考えることができる。地球という系の外部に捨てるゴミの量をいかにして減らすか、これは地球における生命にとっての深刻な課題となりつつある。

【時間の矢】ところで木の枝に火をつけてみよう。木とは、植物が太陽のエネルギーを固定したものであり、これに火をつけると燃焼して、蓄えられたエネルギーが放出され、あとは灰しか残らない。木のうちにあった秩序は崩壊して、エントロピーは大きくなったわけだ。この様子をビデオに撮影したとしよう。そして灰になった状態から、逆回ししてみよう。すると灰の中から不死鳥のように木が再生されるだろう。でもビデオを見たら、これは逆回しだとすぐにわかる。なにもせずにエントロピーが小さくなることはありえないからだ。時間は巻き戻すことができないのだ。時間の矢はつねに一定の方向を向いている。エントロピーが大きくなる方向に。

エントロピーという概念は熱力学だけではなく、情報理論でも使われる。ただしここでは定義がかなり違う。事態の不確かさがエントロピーと呼ばれる。

　熱力学では原則としてエントロピーは増えるが、情報理論では情報が増えることで、不確かさとしてのエントロピーは減るのだ。ぼくのうちに猫が三匹、三毛と黒猫とブチがいるとする。明日起きたときにぼくが目にする最初の猫がそのうちのどれかは、予測するしかない。でも黒猫が病気で寝ていることをぼくが知っていたとすると、三毛かブチのどちらかだろうと言い当てられる。そして実際に三毛猫を見た瞬間に、不確かさはなくなり、情報のエントロピーはゼロになるというわけだ。

019

外延／内包

論理学から来たこの一組の概念は、事物の定義に使われる。定義とは何かということには、大きな難問が含まれている。この一組の概念は、定義するための二つの方法を示すもので、これを考えていくと定義の難しさがわかってくるだろう。外延《がいえん》とはその語が該当する実際の事例の集合であり、内包《ないほう》とはその語の意味内容だ。人間の外延は、地球に住んでいるか、これから生まれようとしている人々のすべてで構成される。人間の内包は、プラトンの定義なら羽のない二足の獣だし、アリストテレスの定義なら理性的な動物だ。

【ソクラテスの問い】ソクラテスは、アテナイの人々に美とは何か、勇気とは何かと問い続けた。問われた人々は美しいものを次々とあげる。美しいのは絵画であり、身体であり、夕焼けだったりする。しかしソクラテスは個々の美しいものではなく、美しさそのものを示せと迫ったのである。アテナイの人々は美を外延で示そうとしたのだし、ソクラテスは美を内包で語ろうとしたのだった。

【定義の難しさ】定義がうまくいくと、外延で示すものと、内包で示すものは一致するはずだ。たとえば書物の定義が紙に印刷されて製本されたものとして定められ、紙と印刷と製本の定義が確定しているとしよう。その場合にはこの内包の基準を存在するすべてのものにあてはめてゆけば、書物であるものと書物でないものはきちんと分けることができて、世界のすべての書物を数えることができるはずだ。

　しかし定義というのはよく考えてみると難しいものだ。何かを定義するためには、そのものを知っていなければならない。しかしそれが何であるかを知っているためには、そのものの定義を知っていなければならない。本というものが何であるかを知らなければ、これは本だとは言えないし、本を見たことがなければ、本とは何かを語ることはできないのだ。

さらに厳密な定義がそもそも可能なのかという疑問が出てくる。電子書籍は書物なのか、三枚の紙に印刷されたものをクリップで止めたものは書物なのか、製本された白紙の本に手で書いたものは書物なのかと、問題が次々と出てくる。家族とは何か、法とは何かなど、現在にいたっても厳密な定義が困難なものもあるのだ。美とは何かというソクラテスの問いですら、ぼくたちにはきちんと定義できない。というよりも、美などの概念は、内包ではなく、外延で示すしかない種類のものかもしれない。

■ 定義の逆説をうまく示したのがウィトゲンシュタイン(一八八九～一九五一)だ。彼はゲームというものを定義しようとすると、どうしても定義からずれてしまうものが出てくることに注目した。ゲームには野球もトランプも隠れんぼうもあるが、そのすべてにあてはまる定義というのはなかなか見つからない。そこでウィトゲンシュタインは、ある共通性でゆったりとくくられる集合を使うことを提案する。内包が共通することで、切れずに重なりあう円の集まりのすべてをその概念の外延として定義するのである。

これは内包と外延の難問を解くうまい手段だろう。内包と外延には反比例の関係がある。内包が詳細になるほど、外延は少なくなる。ゲームの内包に何か道具を使うという定義を加えると、隠れんぼうはゲームの外延から排除されるからだ。さらに複数の人でするものという定義を追加すると、トランプの一人遊びも排除される。

ウィトゲンシュタインは、家族の成員の顔には、どこか似たところがあることに注目して、家族的な類似性という概念を作りだした。ぼくと弟は目の形が似ているし、祖父とは顎《あご》の形が似ている。目の形で家族を定義すると、祖父は家族ではなくなるし、顎の形で定義すると弟は家族でなくなる。それでも弟と祖父はぼくを介して家族の一員であることがわかる。この家族的な類似性の概念は、内包を詳細にしても、別の共通性でつなげていくことができるので、外延の貧困化を防ぐことができるという特徴があるわけだ。

020

概念

概念という語は、形而上（＊94ページ）などと同じように、中国の古い文献から取られたものだという意味で、ユニークだ。概《がい》とは升《ます》で粉などをはかるときに、余った部分をかき落とす棒を指す。その升にはいるものだけを集める道具なのだ。概念は知覚した対象のさまざまな表象（＊168ページ）のうちから性質の違うものをふるいわけて、共通なものを取りだすという役割を果たす。また西洋の言語では、概念という語は「つかむ」という動詞から作られていることも興味深い。人間は対象を概念によって認識するが、そのとき人間はそのものを手でつかんでいると考えるわけだ。

【普通名詞】その意味で概念は、ときに具体物を表す普通名詞と同じように使われることもある。石という普通名詞には石と石でないものを区別する定義が含まれているので、こうした名詞も概念と呼べるのだ。概念は存在する事物だけでなく、「判断」や「意思」など抽象的なものを指すこともある。

【普遍と個別】この概念をめぐっては、長い議論の歴史がある。ソクラテスは美という概念の定義を追求したし、プラトンはそれに美のイデアという存在を割り当てた。プラトンは真の意味で存在するのはイデアであり、美しいものは、その美のイデアを分けてもらっているので美しく見えるのだと考えたわけだ。美しいものははかなく脆《もろ》い。しかし美そのものは衰えることも、汚れることもない。

このプラトンの考え方を言い換えると、美という普遍（＊174ページ）的なものが存在するから個別の美が存在するのであり、個別の美は普遍的な美よりも一段階劣ったものだということになる。概念が実在するのか、概念は個別のものから作られた抽象的なものにすぎず、実在するのは個別なのか、という問題が争われたのだ。

【普遍論争】中世の哲学論争に幕を下ろしたのは実在するのは概念ではなく概念は「名」にすぎない、実在するのは個別であるという結論だった。近代は概念の優位が転落し、ぼくたち個々の人間の地位が確認された時代だった。たしかに人間という概念がどこかに存在しているというのは近代的な視点からはおかしく見える。人間が一人もいなくなった地球では、人間という概念そのものが不要になって、消滅するかもしれない。しかし人間が一人でも生き延びていれば、この人間が自己を思考するために人間という概念は存続するだろう。

ぼくたちの思考は抽象（＊150ページ）によって生まれる概念で組み立てられている。概念的というと、ときに具体性に欠けるという否定的な意味を含むことがあるが、人間がコミュニケーションをするには概念に依拠せざるをえないのだ。

ところでぼくたちはたんに「人間」や「自由」のような個別の概念で考えるだけではない。さまざまな概念が生まれるにあたっては、ぼくたちが世界をどのように眺めているかが大きな影響を及ぼしている。森に生えている樹木を「木」としか呼べない人と、その森が食物と薬の宝庫に見える人では、森と樹木の概念そのものが違ってくるはずだ。どのような概念を作っているか、そしてそれらの概念がどのように結びついているかは、世界の見方を大きく変えるはずだ。

この概念の枠組みは、時代と社会ごとに異なるものだろう。世代を継承することを重視した中世のイエと現代の核家族のイエでは大きな違いがあることは、「家」という概念が日本の社会のうちでも変化していることを教えてくれる。また同じ時代のうちにあっても、インドの社会とぼくたちの社会では、思考の基盤となる概念の枠組みが微妙に違っているかもしれない。もしかして同じ概念を使いながら、ぼくたちはかなり違ったことを言っているかもしれないのである。インドの「民主主義」の概念と日本の「民主主義」の概念が違うとしたら、ぼくたちはほんとうにコミュニケーションできているのだろうか。これは翻訳された概念がほんとうに同じものかどうかという疑問とともに、普遍的な思考に対する信念を揺るがす問いと言わざるをえないのだ。

021

仮象

ぼくたちはどんなものでも、その「見える姿」からしか判断することはできない。しかし見える姿がその真の姿と違うこともある。そのとき、その見える姿を「仮象」と呼ぶ。見える姿が真の姿、その本質（＊190ページ）から逸脱していると考えるからだ。仮象にすぎないというのはつねに否定の言葉で、君は本質を知らないね、と暗に言われていることになる。

【錯覚】仮象の一つである錯覚を例に考えてみよう。たとえば真っ直ぐな棒を水の中にいれて横から見ると曲がっている。いくら目を擦っても曲がって見えるのだが、水から取りだして見ると棒はやっぱり真っ直ぐだ。ああ錯覚だったのだとそれでわかる。棒が曲がって見えるのはたしかで、これは否定できない。

【人間に固有の仮象】ところで錯覚は避けられないものだ。水の中の棒はだれが見ても曲がっている。どうやら錯覚という仮象は、人間という動物が地球という環境で生きていくために必要な誤謬《ごびゅう》らしいのだ。人間に固有のこうした仮象は視覚の世界だけではなく、思想の世界にもある。

たとえば神が存在し、それを証明できるという議論は、古代から西洋のキリスト教社会では長く続けられてきた。人間は自由であるかという議論もそうだ。宇宙には始まりがあったのかという議論も歴史が長い。こうした議論はときに宗教的な論争になり、哲学的な議論になり、科学的な探究の源泉となる。そして決着がつかない性質のものだ。カントはこうした議論のことを、人間の理性（＊210ページ）に固有の仮象と呼んでいる。これは闇《やみ》の中の縄《なわ》を蛇《へび》と見間違えた仮象とは違う性質のものであり、いわば生産的な仮象なのだ。

【二元論】この外見と誤謬の関係は古代のギリシアの時代から考察されてきた。ヘラクレイトス（前六世紀）のように、ぼくたちを取り巻く変化と運動の世界が、世界の真の姿なのだと考えるべきなのか、それともプラトンが語るように真の世界は不可視のイデアの世界であり、ぼくたちの世界は仮象の世界にすぎないのだろうか。この対立する視点から、一元論と二元論（＊30ページ）が生まれることはすぐにわかるだろう。仮象という概念は、この二元論の世界観から生まれることが多いのだ。一元論では仮象を否定するか、仮象と真の姿を和解させる方法を必要とする。

【本質の現れ】一元論のように仮象を否定するのではなく、仮象が本質を誤認したものであるという考え方そのものを批判する議論がある。本質という抽象的な概念は、そもそも概念としてしか考えることのできないものだ。人間という本質はそのものとしては姿を現すことはできない。君やぼくがいて、ぼくたちを抽象した概念として、人間という本質が現れる。だから本質はつねに個別なもののうちにしか現れないのであり、本質が現れるとき、それはつねにどこか歪曲《わいきょく》され、ずれているに違いない。本質は現れるときにはつねに仮象に見えるはずなのだ。

仮象という現れの「正体」を暴こうとすることで、新しい認識が登場するという役割にも注目したい。資本主義の社会ではお金に購買価値がそなわっているように見える。また労働者は自分の労働力を賃金で等価交換しているように見える。しかしこうしたものが仮象にすぎないことを明らかにしたのがマルクスだった。仮象の働きを考察することで、資本主義のメカニズムが解明されてきたのだ。

また、仮象という語には否定的な意味合いがあるが、これを否定的でなく語るときには、現象と呼ばれることが多い。人間にとって現れるものという意味であり、ときには人間が認識（＊160ページ）する対象を指すためにも使われる。

フッサール（一八五九〜一九三八）が始めた現象学という方法は、人間にとってのこの現れを手掛かりに、人間の認識の構造を探ろうとしたのだった。人間はさまざまな偏見をもって世界を認識する。これについては「現象」の項（＊100ページ）を参照してほしい。

022

カタルシス

カタルシスというのは、何かを身体から洗い流して浄化するということだ。物質的なものを排出する場合も、感情的なものを排出する場合もある。どちらも医学的な治療効果を目指したものである。

[医学] 古代ギリシアの医学は、人間には四つの基本的な体液が存在すると考えていた。どの体液が主にあるかで体質が決定されるのであり、医者は好ましくない体液が多すぎると診断すると、下剤を飲ませたり嘔吐《おうと》させたりして、過剰な体液を排泄《はいせつ》させることが多かった。カタルシスで体液のバランスが回復することで、患者の病気が治ると考えたのである。

[魂の治癒] このカタルシスの概念は、身体だけではなく、精神にも適用されていた。身体を魂の牢獄《ろうごく》と見なしていた古代ギリシアのオルフェウス教の教祖オルフェウスは、竪琴《たてごと》の奏者として有名だったが、この音楽は魂を浄化するために役立つと考えられたのだった。西洋ではこの名がオルフェとして伝えられて、多数の文学作品の源泉となっている。宗教的な音楽を聞くと、魂が浄化されるような経験をすることがあるが、音楽と魂の結びつきは、文化の違いを越えて、遠くさかのぼるわけだ。

オルフェウス教の影響を受けていたソクラテスは、人間は死ぬ前に、魂をできるだけ身体から浄化（カタルシス）する必要があると訴えていた。魂は不滅であり、身体を「着替える」ようにして次の生を送るのだと考えたために、できるだけ清い状態になっておく必要があるというわけだ。魂が身体を超えて生き延びることを哲学的に示したのはソクラテスが最初であり、ソクラテスの哲学とカタルシスの概念はしっかりと結びついている。

[芸術] 魂の浄化を、音楽や哲学だけではなく、もっと広い範囲で実行できることを示したのがアリストテレスだ。アリストテレスは『詩学』において、悲劇の目的は、観衆が主人公と精神的に一体化して、主人公のたどる悲痛な運命をみずからのことのように経験し、悲劇の

最後に涙とともに魂を洗い流すことにあると主張した。ぼくたちは悲劇を見ながら、魂が高められ、洗い流される思いをすることが多い。カタルシスという用語は、現在ではこの意味でもっとも頻繁に使われる。純愛の物語にも、ぼくたちをカタルシスに誘う要素がもりこまれているものだ。

【宗教】古代のギリシアでは、罪を犯したものはある儀礼の手続きにしたがうことで、けがれを洗い流して、共同体に復帰することが許された。日本の禊《みそぎ》にもこの意味でのカタルシスという要素は含まれる。宗教的に聖なる空間に入るときには、この種の清めの行為が必要とされることが多い。『旧約聖書』の世界では動物の血を使って聖なる場所が清められた。キリスト教の世界でも洗礼を受けることでカタルシスが行われるのだった。

キリスト教に限らず、懺悔《ざんげ》や告白という行為にも、このカタルシスの要素が含まれている。ドストエフスキーの『罪と罰』でも、主人公のラスコーリニコフがソーニャの前にひざまずいて自分の犯行を告白して、魂が清められるシーンがある。罪の意識というものは、口にしなければ良心を苦しめ続ける。みずから犯した罪を告白することには、痛む良心の棘《とげ》を抜く効果がある。告白することで癒されるのだ。

このようにカタルシスというプロセスは動的なものであり、多くの場合、心的な舞台で行われる。

このため人間の精神の動的な構造を探ろうとしたフロイト（一八五六～一九三九）においても、カタルシスは重要な概念として使われた。フロイトは神経症の重要な原因は、ある記憶が抑圧されていて、それが心の正常な動きをブロックしていることにあると診断した。そして患者にこの無意識的な記憶を語らせることが、大きな治療効果をもたらすことを発見したのである。

自分では気づかずに抑圧していた無意識（＊194ページ）や罪の意識などは、人間の精神の健康にとって妨げとなるものらしい。告白という営みや精神分析のカウンセリングには、こうした悩める魂にカタルシスを与える効果があるのだ。

023 カテゴリー

範疇《はんちゅう》と訳されることもあるが、いまではカテゴリーのままで使われることが多い。まずは物事を分類する枠組みのことと考えてほしい。リンゴと梨を分類する枠組みは何だろう。もちろん果物というのがいちばんわかりやすい。では牛肉とリンゴはどうだろう。きっと食料というカテゴリーで分けることができるだろう。

［カテゴリーの次元］ カテゴリーはいろいろな次元で考えることができる。赤い三角の積み木と赤くて丸い積み木をカテゴリー分類してみてほしい。赤いものというカテゴリーも、積み木というカテゴリーも、玩具というカテゴリーもあるだろう。注意が必要なのは、どのカテゴリーで話すのがもっとも適切なのかということだ。玩具のカテゴリーで話しているときに、赤という色のカテゴリーで話しても、まったく話は通じない。

一つの事物がこのように複数のカテゴリーで語れることは、たとえばインターネットの検索エンジンのカテゴリー分類を見てもらえばわかる。ある事柄で検索すると、複数のカテゴリーがヒットすることが多い。京都という語で検索したら、旅行、歴史、レストラン、書物などの多数のカテゴリーで関連した項目が見つかるはずだ。カテゴリーは、無数の事柄のうちに秩序をもたらして、整理しやすくするものなのだ。

［存在論］ このようにカテゴリーはさまざまな事物にも、事柄にも、抽象的な思想にも適用できる。でも古代のギリシアでアリストテレスが最初にカテゴリーという概念を提示したのは、リンゴや牛肉を分類するためではなかった。さまざまな事物が存在するありかたに注目したのだ。アリストテレスが考えたカテゴリーは、実体、量、性質、場所などの十種類の枠組みだった。存在に注目したギリシア哲学では、カテゴリーも存在のありかたを分類するものだったのだ。

［認識論］ 近代哲学の登場とともに、カテゴリーの性質が変わってくる。存在のありかたを分類する枠組みとし

ても使われるが、人間が世界と世界のうちの出来事を認識（＊160ページ）する枠組みが重要視されてくることになる。ギリシア哲学ではあるものが「実体」かどうか、その実体がどのような性質をもつかを分類の枠組みとしていたが、近代ではそもそも人間が存在者を認識する際にどのような思考形式を使うかが注目されたのだ。

たとえばカントには、アリストテレスのカテゴリーには統一的な原理が欠けているように見えた。そこで人間のさまざまな判断のありかたを示した判断表からカテゴリーを導きだした。とくに新しいのは、カントのカテゴリーでは事物のありかただけではなく、人間の認識の仕方が、「関係」と「様相《ようそう》」というカテゴリーとして利用されたことだ。「関係」のカテゴリーでは、あるものが主語と述語の関係におかれているのか、原因と結果の関係にあるのか、相互的な関係にあるのかで分類される。「様相」のカテゴリーでは、あるものが存在するのは必然なのか、現実に存在するのか、まだ潜在的に存在するにすぎないのかという視点から分類される。

人間は、自分たちが作った機械や道具なら、それがどんなものかをすぐに認識することができる。しかし自然の事物をぼくたちが認識することができ、それを客観的に他者に伝えることができるのは、考えてみれば不思議なことなのだ。その認識と伝達が可能であるためには、事物が客観的に共通した特徴で分類できる概念をそなえていると同時に、ぼくたちの認識能力にも共通したところがなければならないはずだ。カントのカテゴリーはこの人間の認識能力の共通した形式に注目したものだ。

やがて現代の哲学になると、認識能力の形式よりも、言語に注目が集まることになる。あるものを分類するということは、まずそれをたとえばリンゴならリンゴとして区別する言語が必要だ。認識すべきものを名指すことができなければカテゴリーで分類することはできないし、社会や文化ごとに言語が異なると、分類する枠組みも変わってくる。カテゴリーの手段として使っている言語そのものが、ぼくたちのカテゴリーの作り方にも影響してくるのだ。

024

貨幣

貨幣の歴史は人間の歴史と同じように古いものだ。異なる共同体が成立して、あるものを交換しようとするとき、そこに貨幣が発生する。人間の成立は複数の共同体の成立と「同い年」だから、貨幣も人間と「同い年」なのだ。

　貨幣にはどんなものを用いることもできる。ぼくが一個のリンゴをもっていて、隣の村の人のもっているきれいな貝と交換したとする。そしてその貝と引き換えに、魚を一匹もらったとする。そのとき貝は貨幣という機能を果たしている。この交換の媒体になるものは、どんなものでもいいわけだ。リンゴだって、腐らないうちは魚だって貨幣として使える。でもやがてはすり減らない金属が貨幣としては好まれるようになったわけだ。

[価値] あるものが貨幣として通用するのは、そのものに価値があるからだ。リンゴや魚は食物として人間にとっては大切なものである。どれも食べるために入手するのだから、これはぼくたちが使うものである。リンゴや魚には使用価値があるのだ。ところが価値には使用価値とは異なる種類のものがある。リンゴを使用価値として使ってしまうと、リンゴはもはや貨幣の役割を果たすことはできない。食べてしまうとリンゴの価値は消えてしまうからだ。それでも食べる前には、リンゴ一個は魚一匹と交換できる価値があったわけだ。価値のこの側面は交換価値と呼ばれる。金属の貨幣はこの交換価値だけのために使われるようになる。これがほんらいの貨幣である。

[物神化] 貨幣は交換の手段として使われるものであり、これはほんらい使用価値のないものである。青銅の貨幣を鋳《い》直して鐘にしてしまったら、貨幣は姿を消してしまうのだ。しかしぼくたちはものを購入するために貨幣を使うから、そのうちに貨幣そのものに価値があるように思い込んでしまう。貨幣があればなんでも買えるのだから、貨幣は全能の神のような威力を発揮するような気が

してくるものだ。

交換の手段にすぎない貨幣にこのような価値があると思い込むことをマルクスは物神化（フェティシズム（＊172ページ））と呼んだ。人間の歴史は、物神化された貨幣にまつわる悲喜劇で綾取られているのだ。金貨三十枚でイエスを売ったユダの物語からシェイクスピアの『ベニスの商人』にいたるまで、文学の歴史は貨幣との因縁の歴史でもある。

【貨幣の力】 貨幣には否定的な力だけではなく、人々を結びつける力もあることを忘れないようにしよう。ぼくがリンゴを隣村の人の魚と交換したいとき、ぼくはリンゴ一個で魚一匹と交換したいのに、相手はリンゴ十個を要求したらどうなるだろう。ぼくたちは交換することができずに引き返すか、暴力を使って相手の持ち物を奪うしかないだろう。そうなるとぼくたちは自分の所有物を守るために相手と戦う決意が必要になる。「万人が万人にとっての狼《おおかみ》」という状態が生まれる。

しかし交換価値の尺度として認められている貨幣があれば、魚とリンゴの交換価値はだれもが常識として知っていることになるだろう。ぼくは交換に必要なだけの貨幣をあらかじめ用意して、隣村に魚を求めにいくはずだ。貨幣で購入するということで、人々は相手と直接にそのものの価値について取引しなくてすむようになる。貨幣は人々の直接の交渉を省くのであり、だれもが貨幣を介してしか人々と交渉しなくなる。貨幣は人間の間に距離を作るのだ。しかしこの距離のおかげで、ぼくたちは他者と安全な関係を作りだすことができる。貨幣は引き離すと同時に、人々を結びつけるのだ。

現代の情報（＊130ページ）社会において貨幣は金属でも紙幣でもなく、銀行の口座の数字となり、クレジットカードのデータとなった。円やドルなどの為替《かわせ》で投機をすることもできる。国際的な貨幣の投機が一国の経済を揺るがすこともあることを考えると、グローバル（＊90ページ）になったこの世界において、貨幣はまったく新しい意味をもつようになったことも忘れないでおこう。

カルチュラル・スタディーズ

カルチュラル・スタディーズとは文化研究ということだ。イギリスの新左翼の間から生まれてきたこの流派は、マルクス主義と深い関係をもっているが、文化（＊176ページ）についての視点がマルクス主義とは異なっている。マルクス主義は文化を上部構造と見なして、経済的な要因によって規定されたものと考えがちだ。しかしカルチュラル・スタディーズはそのような文化の捉え方では、文化のうちで生きている力を見失うと考える。サブカルチャーやポップ・カルチャーなどが、既存の文化的な権威に挑戦するところに注目するのだ。そしてすべての言説（＊102ページ）について、それがどのような立場から、どのようなイデオロギー（＊32ページ）的なものを背景として語られるのかを考察しようとするのである。

【アカデミズム批判】学問の世界は学会を中心としたアカデミズムによって支配されることが多い。何を研究するかというテーマまで、教官に決定されることが多いというのが、伝統的な視点だった。教育とは、権威をもった専門家が、知識をもたない学生に教える営みであり、学生はありがたくこの知識を修得して、卒業することを目的とするかのようである。しかも教官は成人の男性であることが多く、女性や外国人はあまり教官には迎えられない。それでは学問も教育も硬直したものとなってしまう。

カルチュラル・スタディーズは既存のアカデミズムのこうした権威主義に挑戦する。権威主義的な制度のもとでは知識が再生産されるだけで、新しいものが生まれるきっかけがないからだ。そして既存の権力関係のもとで、アニメのようなサブカルチャーを切り捨てることを批判する。アニメのような大衆文化については学生のほうが詳しいかもしれないのだ。サブカルチャーの分野では、教師と学生の地位はまったく逆転してしまう。

【サブカルチャー】そもそもサブカルチャーとは、既存の文化的な権威に対抗するために若者や民衆の間で生まれた文化のことだ。ロックやポップスなどの音楽はクラシック音楽に対抗するために生まれたし、アニメや漫画は「高級な」映画や書物と競争する。コンピュータ・ゲームはコンピュータというマシンの「正しい」使い方に抵抗する。伝統的な文化がこうした「下品な」文化を逸脱したものとして嫌う傾向があるのは、電車の中で漫画を読む若者に対する蔑《さげす》みの視線にも感じられることだ。カルチュラル・スタディーズはこうした既存の文化に対抗するサブカルチャーに注目する。そしてこうした文化がどのようなメカニズムで生まれ、権威に対抗し、そして新しい権威となっていくかを研究しようとするのである。文化がほんとうに力をもつのは、民衆の間に根をはるときだからだ。

【ジェンダー】「高級な」文化は、成人男性を対象とするものと見なされることが多い。そして女性の文化はどこか劣ったものと見なされがちだ。あるいは女性には「女・子ども」の文化がふさわしいとされることもある。男性にふさわしいもの、女性にふさわしいものが社会的・文化的にあらかじめ規定されていると考えることに異議を申し立てているのがジェンダー論である。ジェンダー論は男女の性差とは別に社会的な性の違いが暗黙のうちに存在していることに敏感なのだ。カルチュラル・スタディーズもこのジェンダーの視点から、少女漫画や女性雑誌などを研究する。そしてこうした文化の価値を見いだし、新しい文化の作り手を生みだしていこうとするのである。

カルチュラル・スタディーズでは少数派の文化を含めて、文化を複合的なものとして考察しようとする。日本は単一の民族だと思い込まれがちだが、日本の文化にも、アイヌや沖縄諸島に固有の文化的な伝統があることを忘れてはならないだろう。このような文化的な伝統への帰属意識は、国籍や民族的なアイデンティティ（＊16ページ）とは別の次元のもので、これがエスニシティという語で呼ばれることが多い。こうしたエスニシティに固有の文化を研究するのも、カルチュラル・スタディーズの重要な機能である。

026

環境

環境はぼくたちを取り巻く世界だ。自然も環境であり、都市も環境である。ぼくたちを囲む世界のすべてが環境としてある。人々は環境に働きかけ、環境の影響を受ける。人間は環境の生物なのだ。

［動物に固有の環境］どんな動物にも固有の環境がある。犬が見ている世界、犬が聞いている音は、ぼくたちには実は理解しがたいものだ。ぼくが犬語を話せるとしても、犬がその環境のうちでどのような経験をしているかは、理解することができない。

　動物の行動を分析した生物学者のユクスキュル（一八六四～一九四四）によると、ダニは明るさと匂いと温度しか知覚しないのだという。するとダニにとっての環境世界とは、この三つの要素だけで構成されていることになる。ダニには自分が血を吸うことのできる動物の匂いと体温だけが重要なのであり、ダニの世界には物の形も音も手触りもまったく存在しないのだ。そんな世界を想像できるだろうか。

［世界の違い］同じ人間でも違う環境世界をもっている人がいることがある。たとえばきわめて鋭い嗅覚をもっている人がいるとしよう。その人が山の中に暮らしていて、すべての樹木の匂いを分別することができるとしよう。そうしたら夜でも山の中の道もないところを迷わずに歩くことができるだろう。ここはあの匂い松のあるところ、次はせせらぎが初めて匂ってくるところ、野薔薇《のばら》の茂みのあるところと、完全なマップが作られているだろう。その人なら、ぼくたちとはかなり違う環境世界に住んでいるに違いない。

［作られた自然］環境は、自然から与えられたものであると同時に人工のものでもある。都市に住んでいる人だけでなく、農村に住んでいる人にとっても、もはや人間の手の加わっていないものはほとんどない。道路や住宅、交通手段や照明など、ぼくたちの環境は人間が作りだしたものなのだ。

日本の農村の稲田は、高度の技術をもって長い年月と多額の投資によって作られたものである。ドイツの森林は、完全に人間の手が入ったものであり、原生林はもはや存在しない。自然の環境はもはや人間の手の入らない自然ではなく、人間が自分たちのために作りだした人為的な環境となっているのだ。

そしてこの環境を構成するすべてのものは、何らかの目的をもって作られたものだ。ぼくたちが生きる環境は、さまざまな目的の連関のうちにあり、こうした目的が環境を作りだしている。そのことは地震が起きて道路や鉄道が寸断されてみれば、一目瞭然になるだろう。水道が使えなくなること、停電すること、たったそれだけのことで、だれもがどれほどこの人為的な環境に依存しているか、人間が環境の動物であるかが明白になる。

それだけに、ぼくたちを取り巻く環境に対する配慮が必要になっている。遠くの海で沈没した原子力潜水艦から放出された放射能は、夕食のテーブルにのる魚を汚染するかもしれない。このために環境保護運動が展開され、環境倫理という学問も登場した。いま生きている人間は、この地球という自然環境に倫理的な責任（＊140ページ）を負っているのである。

ぼくたちが責任を負う相手としては、二つの主体が考えられる。たとえばぼくたちは、この地球という環境をともに生きながら、言葉を語ることがないために、環境保護の必要性を訴えることのできない他の生き物に責任を負う。地球の自然は人間が勝手に破壊してよい性質のものではないのである。できるだけ他の種の生存を妨げないようにすべきだろう。

またぼくたちは、まだ生まれていないために言葉を語ることのできない将来の世代にも責任を負う。たとえば原子力発電所から出される放射性の廃棄物は、地球のどこかに処分する必要がある。しかし数百万年後、廃棄物を処分したという記録が残されていないときになっても、地球に生きる将来の人々が被曝することのないような方法で処分しなければならないのである。ぼくたちの責任ははなはだ大きいと言わざるをえない。

027

還元

還元するということは、ある複雑なものをもっと簡単な要素に分解して考えるということだ。ただし水を化学的に分解すると水素と酸素になって、水そのものはなくなるが、思想的な還元はいわば頭の中だけで実行するものだ。もとのものがなくなってしまうわけではない。たとえば愛情は人間の性的な欲望の表現にすぎないと語ったなら、その人は愛情を性に還元していることになる。

[利点] 還元にはプラスの側面とマイナスの側面があることに注意しよう。人間を動物に還元して考えると、人間として考えていたときとは違う見方をすることができるようになる。人間は動物の一種ではあるが、ほかの動物とは違う高尚な生き物だという思い込みがないわけではない。人間を動物という視点から考察することで、そういう思い込みがそげ落ちて、動物として行動している人間の側面がはっきり見えてくるわけだ。人間の愛情を生殖の欲望に還元するという操作にも、動物の行動という共通の土台から人間の行動や心理を考察するという視点が生きている。

[欠点] ただし還元することで失われるものもあることには注意が必要だ。人間を動物の一種として分析するときには、人間の動物としての次元だけを注目することになり、動物のうちでの人間の特殊性は消えてしまう。人間には他の動物と違う人間の固有性があるはずなのに、すべてを動物性という次元に置き換えようとするからだ。還元主義という言葉は、この欠点を批判するものだ。微細な思考が欠けてしまうのである。

[思考実験] 還元という操作を、思考のための実験として実行することもできる。これは人間を動物に還元するのとはちょっと違う手続きだ。たとえば近代哲学の基礎を築いたデカルトが実行した有名な還元の手続きを調べてみよう。デカルトは、哲学の土台になるのは、絶対に疑えないものだと考えた。そしてぼくたちにとって疑うこ

とができず、もっとも確実に思えるものは何かと考えた。

何がぼくたちにとって疑えないものだろうか。いま目の前にあるこの机だろうか。でも目に見えるもの、耳に聞こえるものはぼくたちをだますことがある。たとえば四角い塔を遠くから見て丸い塔だと思ったり、空耳で聞いていないものを聞いたように思ったりすることがある。だから知覚によって認識したものというものは絶対に確実なものではない。これは還元という手続きで、感覚が確実なものではないと判断されたことになる。

次にデカルトは人間が身体（＊134ページ）をもつことは確実ではないかと考える。ぼくたちが手でものを書き、足で歩くことは確実なことではないか。しかしデカルトは夢のことを考える。夢の中でもぼくたちは手で書き、足で歩くからだ。だとすると身体をもっていることも確実ではないことになる。こうして還元の手続きで、身体も確実なものではなくなる。

それからデカルトはぼくたちが学んだ学問というものは確実ではないかと考える。数学の定理や幾何学などは確実な学問だと思われるからだ。しかしデカルトはもしも意地の悪い悪霊のようなものがいて、ぼくたちが二と三を加算するごとに間違うようにさせていることだってあるかもしれないと想定する。こうして学問も確実なものではなくなる。

そしてこうしたさまざまな還元の操作の後に残ったものはぼくたちがこうして考えているという事実だと思いつく。たとえ夢を見ていても、悪霊がいたずらをしているとしても、ぼくたちが思考していることだけは確実なのだ。デカルトの還元の手続きの果てに確実なものとして残ったのは、「われ思う、ゆえにわれあり」というこの思考する存在だった。

還元の手続きはこのように、複合的に思われるものをもっとも単純で確実なものにまで裸にするという思考の実験だ。社会とは何か、法とは何か、家族とは何か、ふと疑問に思ったならば、もっとも単純で本質（＊190ページ）的なものがあらわになるまで、還元の手続きを施してみたらどうだろう。

028

観念

観念という言葉は、思考の内容というほどの意味で使われることが多い。ほんらいは中立的な言葉だけれど、机上の空論という否定的な意味で使われることもある。観念的と言われたら、現実に即していないと言われているのだと思ったほうがいいだろう。

観念は思考の内容だから、人間の知性にとっては重要な意味をもつ。古代ギリシアの時代から、人間が感覚や知性で認識（＊160ページ）したものは観念と呼ばれてきた。ぼくたちは何かを見るが、その見たものの像は、目をつぶったり、後ろを向いたりしても、心の中には残っている。これがプラトンのイデアという語にならって、観念（アイデア）と呼ばれるようになった。

【生得観念】 近代の哲学の端緒に立つデカルトも、感覚で認識した内容と、知性で認識した内容を観念と呼んでいた。精神の営みの産物はすべて観念を形成する。

しかしデカルトでとくに注目されるのは、人間が経験によって獲得する観念とは別に、人間が生まれつきもっている生得観念があると考えたことである。存在とは何か、真理とは何か、思考とは何かなどは、経験する以前から理解できると考えたわけだ。いわばアプリオリ（＊24ページ）な観念があることになる。

【経験論】 しかしこうした生得観念というのは、考えてみると奇妙なものである。人間が真理という観念をもって生まれてくるというのもおかしなことだ。この生得観念の概念を批判するところから、イギリスの経験論と科学的な心理学が始まることになる。経験論では人間は白紙のような心をもって生まれると考える。人間が成長の段階でさまざまな経験を積むことで、もろもろの観念を構築するのであり、生得的な観念はないと考えたのである。もちろん経験で得られるのは直接的で単純な観念であり、人間はさまざまなものを連想したり、比較したりしながら、複合的な観念を構成していく。イギリス経験論では人間のこの心理的な操作を詳しく考察したので、心理学の基礎を築くことになったのだった。

【独我論】 興味深いのは、この経験論をつきつめていくと、存在するのは思考するぼくの自我だけであるという独我論の原型が生まれてくることだ。そもそも経験論では、人間を受け身な存在として考える。生得的な観念はなく、人間は外部との交渉のうちで印象を刻印され、観念を形成していく。だとすると、存在するのが確実なのは世界だけだということになる。

　このようにぼくは観念の束であり、この観念は経験によって生まれたものにすぎない。ところが反対に考えてみると、世界がぼくにとって存在するのは、この観念が存在する限りのことだ。ぼくがいなくなれば、観念の束はなくなるわけだし、そのとき世界はなくなるからだ。だとすると世界はぼくの観念の集まりだということになる。そして世界が〈ぼく〉にだけ存在するのだとすると、他人は〈ぼく〉がいる限りで存在するのだ。このような経験論は、どうしても独我論につながるのである。

　ところでこのような独我論が生まれたのは、言語というものが観念を伝えるための道具のように考えられていたためだった。一九世紀頃まで、言語はぼくだけに固有の観念を間接的に伝える道具、どこかできそこないの道具のように考えられていた。そうだとするとだれもが孤立した〈島〉のように閉ざされていて、言語は〈島〉を結ぶ頼りない橋のようなものとされてしまう。しかし言語は観念を伝える道具にすぎないものだろうか。言語によるコミュニケーションが可能になったことで、初めて人間のうちに観念が生まれてきたのではないだろうか。観念を作りだす言語の力が認識されるようになるとともに、このような独我論は力を失っていくことになる。

近代には人間の自立した観念の力を重視する観念論と、人間を動かす物質的な世界の力を重く見る唯物論（＊202ページ）が対立した。とくにマルクス主義的な唯物論は、人間の観念にはイデオロギー（＊32ページ）としての性格があることを指摘しながら、観念論を批判するようになる。

029

記憶

記憶するということには二重の意味がある。ぼくはドイツ語を勉強していた頃、ゲーテの小説『若きウェルテルの悩み』の前半部分を原文で記憶したことがある。文章を最初からずっと頭の中で反復する練習をしていくと、やがてはとぎれずに暗唱することができる。百人一首を覚えているひともいるだろう。これは記憶されたデータであり、記憶はここでは情報（＊130ページ）である。そして思い出していくには、それを朗読するのと同じだけの時間がかかる。

ところで記憶にはもう一つの意味がある。ある種の匂いをかいだとき、幼年期の一時期をありありと思いだした経験はないだろうか。この「思いだす」という行為は想起と呼ぶべきなのだが、やはりこれも記憶の一種である。この記憶は細部にいたるまで瞬時に思いだせる。暗唱するような線的な時間は不要で、三次元の映像としてすべてが映しだせる。その前後の出来事を含めて長い物語が語れるほどだ。

［アイデンティティ］ ぼくたちが自分のことを世界のどこにもいないこの一人きりの人間だと確信することができるのは、記憶の力だ。世界のすべてのひとは他人とは違う自己史をたどっている。人間の個性はこの自己史の違いで形成されるのだ。そっくりな一卵性双生児だって、生活していくうちに違った経験をして、違った記憶をもつようになる。赤ん坊のときにはほとんど見分けがつかなくても、大きくなるとはっきりと違う個性があることがわかるものだ。これは記憶の力によるものなのだ。

［共同性］ ぼくたちは世界のうちで単独で生きているのではない。経験をするということ、それは他者（＊148ページ）と記憶を共有するということだ。この共同の記憶の力は人々を結びつけ、ときに背を向けさせる。数百万のユダヤ人が虐殺されたアウシュヴィッツ収容所の記憶は、ユダヤの人々だけでなく、ドイツの人々を長らく苦

しめた。ぼくたちも世界のうちの日本という国の長い記憶の蓄積を背負っている。ぼくたちの世代としては直接の責任のない戦争犯罪にも、ぼくたちが責任を感じるのは、この共同性のためなのだ。

【他者】 楽しい記憶は人々を結びつける。同窓会が懐かしいのは、過去の自分の記憶が人々の記憶とまざりあうからだ。ぼくは昔の同級生としたことを思いだす。相手も同じようなことを思いだしているだろう。相手の記憶のうちに過去のぼくがいて、その記憶はぼくにはどうすることもできない。他者についての記憶はぼくのうちにまざまざと残っていて、ぼくのうちにまるで他者が住みついているかのようだ。

　このような共同の記憶というものなしには、ぼくたちは自分の記憶すらもつことができないのだ。ぼくの記憶とは他者の像のうちに刻まれた自分の記憶であり、ぼくのうちに刻まれた他者の記憶である。人々はこうして記憶しあうことで、初めて他者との関係を構築することができ、自己（＊118ページ）を構築することができるのだ。

【作られた記憶】 ただ記憶というものは、作り換えられることがある。覚えていたくないことは忘れてしまうのだし、自分にとって楽しいことだけを記憶し、想起したくなるものだ。記憶は選択的なのである。また記憶がまったく作られてしまうこともある。そんなことが実はなかったのに、あったかのように思い込んでしまうこともあるのだ。そんなとき、ぼくたちは自分のアイデンティティ（＊16ページ）が揺らぐのに気づく。ぼくはほんとうに自分で考えているようなぼくなのだろうかと。

思いだすということは、過去の世界のうちに生きることのように思われるが、実は現在において過去を作り直すことでもある。『ウェルテル』を暗唱することは、いまという時間を消費しながら、記憶した内容を語り直すことである。大森荘蔵《おおもりしょうぞう》（一九二一～九七）という哲学者は、過去について語るということは、過去という時制の動詞を使いながら、現在において作り直した過去を生きることだと語っている。もしも過去という時制がなければぼくたちの記憶はどうなるだろうか。

030

記号

ぼくたちはあるものを示すために別のものを使うことができる。空腹を身振りで示すこともできるし、煙を使って信号を出すこともできる。郵便のマークや地図のお寺のマークはだれにもなじみだろう。なかでも言語というものは、自分の考えていることをかなり正確に他人に伝えることのできる優れた記号体系だ。

【分節】基本的な漢字は事物をヒントにして作られた。木という漢字はいかにも樹木らしいし、雨という漢字も窓の向こうに降る雨粒の感じがじつによく出ている。こうした単純な漢字を組み合わせて新たな漢字を作り、複雑な概念を示すことができる。

　アルファベットのような表音文字は、わずか三十未満の文字で、あらゆる意味を示すことができる。こうした表音文字では、単語は現実（＊98ページ）の何かをヒントにして、その代用として使われているわけではない。木という文字は現実の樹木に基づいているが、フランス語でarbre《アルブル》といい、英語でtreeという語が実際の樹木とどういう関係にあるのか、語源的には考察できても、ぼくたちがこの語を使ううえではあまり重要ではない。

　言語という記号で重要なことは、この記号は現実の何かを直接に指す（これを参照物と呼ぶ）ことよりも、ある抽象的な概念を示しているということだ（これを意味と呼ぶ）。石という語は、ぼくたちの周囲にあるどれかの石を指すために使われると同時に、ぼくたちが考える石という概念を示す働きをもっている。

　だから言語は参照物を区別する必要性に基づいて作られていることになる。さまざまな言葉の違いは、その言語を使う人々が世界をどのような単位に分節（＊180ページ）しているかに応じて異なるのだ。アフリカのある社会では、自分の所有している牛の模様を示すために多数の語《ご》彙《い》が用意されているという。ぼくたちの社会ではそのような区別を考える必要がないために、牛の模様に固有の語は作られていないのだ。言語という記号は、その分節の仕方のうちで、すでにさまざまなことを意図せずに語っているのだ。

［示差］ 単語はこのように世界の分節を示すために使われている。単語はその対応する参照物と必然的なつながりはない。犬という語は現実の犬と似ていなくてもよく、分節された世界の違いを示すだけの違いがあればよいのだ。構造言語学の祖と呼ばれるソシュール（一八五七〜一九一三）は、言語がこのように分節の差異を示すために作られていることを指摘した。単語は言語の体系において違いを示す役割を果たせれば十分なのだ。

［記号論］ ぼくたちは記号を暗黙のうちに使っていることもある。渋谷や原宿の少女たちの衣服のモードも一つの記号だ。どんなソックスを履くか、どんなヘアスタイルにするかは、少女たちには自分を表現するための重要な手段となる。テレビのコマーシャルにはその時代を示す無数の記号が含まれている。たとえば一九六〇年代に作られた映画は、女性の髪形や化粧の仕方などから、すぐに時代を判読することができる。このような人々の無意識的な記号を分析するのが記号論という手法だ。

　ぼくたちは言葉だけでなく、身体や衣服などを使って無数の表現の網の目としてのテクスト（＊154ページ）を作りだしているのであり、記号論はこの書かれざるテクストを分析しようとする。もはや遠い過去である一九六〇年代の分析ならそれほど困難ではないかもしれないが、いまのぼくたちが無意識（＊194ページ）で書いている不可視のテクストを分析するのは、なかなか難しい。無意識的に行っていることを意識化するのは困難だからだ。

この無意識的な行為は、モードのような書かれざるテクストだけではなく、書かれているテクストにも含まれている。ぼくたちが文章を書くときには一つの文体を採用するが、その文体にはすでにある目的が含まれていることが多い。政治的な文章や宗教的な文章には、すでにさまざまなイデオロギー（＊32ページ）が暗黙のうちに作用していて、それにそぐわないものは排除される仕組みになっている。記号論はこうしたテクストの無意識も分析しようとするのだ。

031

規範

規範という概念は、社会で決まっている慣習的な約束事という意味で使われることが多いが、個人の道徳的な判断も含まれることがある。ぼくたちが何をすべきで、何をすべきでないと考えるかは、主に二つの側面がある。個人の道徳的な判断と、社会の「道」としての倫理（＊212ページ）だ。その道徳と倫理はときにずれることがあり、そこに道徳と倫理のいずれをも含みうる規範という上位の概念が登場する。

[法] 社会の決まりを定めた法律の問題を考えるとき、この規範という概念が役に立つ。信号が赤のときは横断歩道を渡ってはならないというのは、法律で定められている。でも真っ昼間、自動車がまったく走っていないのに、赤信号の前でじっと待っているのもちょっとね、と思ってしまう。社会の規範として、これを大きな問題にはしないだろう。

でもそこで隣に幼い子どもをつれた母親がいたとすると、少し話は別になる。母親は子どもの安全のために、赤信号で渡ってはいけませんと教えているに違いない。だからぼくが赤信号で渡ったら、子どもは混乱するに決まっている。そのときぼくはじっとがまんするだろう。他者のまなざしのもとにあるぼくの位置という意味で、規範が働いてくるからだ。

[世界の規範] この規範は社会によって異なるし、時代によっても変動する。ときには法律を変える力を発揮することもある。人種差別をする法律のある国で、この法律を変える運動をすることは、その社会の規範として認められなくても、世界の規範としては認められることだろう。そして世界の規範が浸透してきたら、この国でも法律を変えざるをえなくなるはずだ。南アフリカのアパルトヘイト（人種隔離政策）が姿を消したのも、こうした新しい規範の浸透のプロセスとして理解できるはずだ。

[新しい規範] このように規範というものも不変なものではないし、内的に変動することもある。新しい道具が登

場してきて、新しい生活方法が生まれれば、それまでの規範にわずかながらひびが入ってくる。昔は犬は首輪なしでそこらじゅうを走っていたし、どこでもフンをしていた。いまではそんなことは許されないし、社会の規範として犬の飼い方が決まってくるのだ。

面倒なのはこの規範的な意識をだれも確実に捉えることができないということだ。そして社会の決まりと自分の意識のずれを感じている人も多いだろう。ときにはそれまで当然とされてきた決まりを変えていくことも必要になる。民主主義という政治体制にはさまざまな問題があるが、この規範の変動を法律に反映させて修正していく手続きが含まれているという利点もあるのだ。

社会の規範としての道徳というものにも歴史があることを示したのはドイツの哲学者のニーチェ（一八四四～一九〇〇）だ。ニーチェは規範とされているキリスト教の道徳にも暴力や欺瞞《ぎまん》が含まれていることを鋭く指摘する。規範は「すべし」という道徳の力をそなえているだけに、ときに暴力的なものとなるのはたしかだろう。普遍（＊174ページ）的なものと見なされることが多い道徳にも系譜があるという視点は刺激的だ。

また規範という概念が、社会における「正常」と「異常」（＊136ページ）の違いに基づくものであり、規範が規律として、人々を調教する力があることを示したのは、フランスの哲学者のフーコー（一九二六～八四）である。たとえば長い間、同性愛は自然に背く営みであり、規範に反するものとされてきた。同性愛者は異常な人間として人々から差別され、抑圧されてきた。しかし現在ではこのような差別は好ましいものではないことが認められるようになっている。

規範は人々の行動を律するものであり、それが社会の秩序の維持に果たしている役割は大きい。しかし規範が作りだす「正常」と「異常」の違いは、それほど根拠のあるものではないことが多い。ところがぼくたちはそれに逆らうことがなかなか難しい。規範のもつ無言の力は、人々を従順な動物のように調教してしまうこともあるのだ。

逆説（パラドックス）

逆説は、ふつうの考え方（ドクサ）に反する（パラ）議論のことだ。あることを主張する命題（＊196ページ）とそれに反する命題が両立しているように見えて、その論理的な誤謬《ごびゅう》を指摘できないときに、逆説が生まれる。古代のギリシア人は、逆説の名人だった。たとえば「わたしがいま言っていることは嘘である」というのはクレタ人のパラドックスとか、嘘つきのパラドックスと呼ばれる。もしもこの命題が正しいならば、その反対のこと、いま言っていることは嘘でないことになる。

また「飛んでいる矢は飛ばない」という逆説がある。そんなばかなと思うが、飛んでいる瞬間を切りとればその矢はそこに止まっているのだから飛んではいないというゼノンの議論に、なかなか反論ができないのだ。

[逆説的思考] ぼくたちはこの社会の中で生まれ、育ってきた。だからぼくたちには社会の無意識がたっぷり詰まっている。それだけに社会の思い込み（ドクサ）に知らないうちに毒されてもいるのだ。だからときには逆説で思考することを試してみよう。自明と思われることを否定してみる。そしてもっと別の考え方がないかどうか調べてみるのだ。

たとえばぼくたちは法律を守らなければならないと信じているし、法律に違反したときの処罰についてもよく知っている。でもときには法律に反することが法律のほんらいの精神に適《かな》うこともあるはずだ。この逆説が通用するのはどんな場合なのか、いろいろと考えてみると、いい鍛練になるだろう。そしてこの逆説的な思考のよさは、常識というものがいかに脆《もろ》いものかが明らかになること、そして逆に常識というものがいかに根拠のあるものかが痛感できることだ。

[解読] 逆説は一見すると矛盾したことを言う。しかしそれが詭弁《きべん》でなければ、その矛盾を解くための方法があるはずなのだ。逆説は思考するだけでなく、解読する必要もある。その解読の切り口をいくつか考えてみよう。

第一に、問題となっている概念の層を切り分けて使っていないかどうか調べてみよう。法律違反が法律に適うことだというのはどうしても矛盾しているように見えるが、前者の法律という概念は実際の「実定法《じっていほう》」という意味で使われている。後者の法律という概念は、「法の精神」という意味であり、この概念は自然法という概念から生まれている。実定法に違反しても、すべての人間に妥当する自然な法を遵守《じゅんしゅ》することもある。たとえばナチスの時代に第三帝国の法律に逆らってユダヤ人を匿《かくま》い、敢然と死を迎えた人々もいたのだ。

第二は、言葉の多義的（＊146ページ）な使い方を利用することだ。法という概念には、法律という意味だけでなく、自然法則という意味や、「法外」などと言うときの正常性を示す意味も含まれる。それに同じ言葉でも、使われた状況に応じて、反対の意味をもつことだってある。シェイクスピアの『マクベス』に出てくる「きれいはきたない」という魔女たちの呪いのような逆説的な予言の言葉も、きれいときたないという言葉のもつ多義的なふくらみを巧みに使っている。

第三は、比較の尺度を変えることだ。たとえば大きなものは、もっと大きなものと比較すると小さなものになる。年老いた者は、もっと年老いた者と比較すると若い者になる。もしも歴史の長さという尺度で比較すると、若い者の方が、長い歴史を知っている。若い者は年老いているという古代ギリシア以来の逆説は、これを利用したものだ。

第四は、その論理的なごまかしを明らかにすることである。結論とすべきものを前提として使っている論点先取の誤謬など、論理学で検討されてきた多くの誤謬は、逆説を考えるための大切な手掛かりになる。

ぼくたちが生きている現実は、常識で理解するにはあまりに錯綜している。現実は矛盾を含むからこそ、歴史が動いていくと言ったのはヘーゲルだが、この現実の矛盾した事態を把握するためには、逆説的な思考が重要になる。逆説は、ぼくたちの常識を揺るがせるが、そこにこそ思考の手掛かりが潜んでいるのだ。

033

共生

ぼくたちはさまざまな人々とともに生きている。家族、同級生、友人、そして電車の中で袖を触れ合う人々にいたるまで、だれもが人々のネットワークのうちで暮らしている。ともに暮らすというのが、人間のありかたなのだ。孤島で完全に一人で暮らしていたら、精神の健康を保つのは至難のわざだろう。でも共生という言葉が語られるときは、もう少し別の文脈が考えられている。ふつうならともにいることが難しい相手とどうやって生きていくかという問いが隠されているのだ。

【動物】昔は犬は放し飼いにされることも多かったし、野良犬《のらいぬ》も多かった。でもいまでは野良犬は狩られて、犬の放し飼いも禁じられるようになった。これは日本の社会が、飼い主の手を離れた犬とはもはや共生しないことにしたということだ。でもいま、ギリシアのアテネの街に行ってみれば、野良犬たちが平然と歩いている。野良犬との共生がごく自然に行われている文化圏も多いのだ。もはや当然とされているが、野良犬を排除するという日本の都市の選択が適切なものだったのかは、考えてみてもいいことだ。

北海道の知床《しれとこ》ではヒグマを駆除しなくてすむようにいろいろと工夫がされるようになったという。ぼくたち人間が熊のすみかを荒らしておいて、駆除するというのはいかにも情けないことだから、野生の熊と共生する方法を探すのは有意義なことだろう。熊の住めない環境は、人間にとっても住みにくいかもしれないからだ。

【民族】日本にも外国から多数の移民が訪れてくるようになっている。言葉の問題や宗教の問題から誤解が多くなっているようだ。でも移民を迎えることには、大きな意義もある。移民とのつきあいがぼくたちにとって、他なる文化、他なる言語、他なる宗教について学び、他者（＊148ページ）の視点から自分たちのことを考えるための大切な機会となることもあるからだ。

鎖国の記憶（＊72ページ）があるからなのか、日本では難民の受け入れは極端に少ないし、受け入れた移民を差別することもあるようだ。しかし移民と共生することは、ぼくたちの社会と文化をさらに多様で開かれたものとするためのきっかけとなってくれるだろう。これまで知らなかった世界に目を開かれることだってあるかもしれないのだ。

【他者】共生とは異質な人々とともに生きることだが、ともに生きるための知恵を学ぶことは、ほんとうは日常の生活においても大切なことなのだ。家族なら生まれてきてからの長いつきあいがあるから、何も言わないでも意思が通じることがある。でも学校や会社でそれまで共同で生活してこなかった人々とつきあうには、異文化の人々とつきあうのと同じような心構えが必要なのだ。

　他者の生活の経験の背後には、ぼくたちには想像もできない歴史が隠されているかもしれない。そこに知り合いのようにずかずかと踏み込むと、相手を傷つけかねないのだ。もちろんつきあいに及び腰になることはないけれど、だれもが異なる背景と歴史をもつことに、配慮する気持ちをもちたい。

【バリアフリー】最近は電車の駅にもエレベーターが設置されることが多くなっている。これまでは身体に障害のある人々や高齢者は外出が困難だった。いまは若くても、やがて階段を上り下りするのも苦痛になる時期は必ずやってくる。健常者だけを考えたデザインではなく、さまざまな状況を想定してだれもがともに暮らしやすい都市や施設を考えるバリアフリーという理念も、共生の思想の一つだ。

ラテン・アメリカの移民問題に取り組んだ社会哲学者のイリイチ（一九二六〜二〇〇二）は、技術という視点から共生について考えている。現代の社会ではだれもが同じように行動することを前提として制度や技術が作られる。でもこうした制度や技術になじまない人もいる。学校に行きたくない、自動車に乗りたくない、コンピュータを使いたくない人もいるだろう。バリアフリーだけでなく、多様な生き方をする人々がともに暮らせる社会を目指す思想が大切だろう。

034

共同体（コミュニティ）

江戸時代の日本の農村は、五人組を基本とする閉じた村落共同体で構成されていた。農村では隣近所の人々はみんな知り合いだった。守らなければならない掟のようなものは厳しかったし、従わないと村八分《むらはちぶ》のようなことになったが、現代のように人々が孤立して原子のように生きる社会から見ると、共同体の生活はどこか昔風で懐かしい感じを与える。

【解放】かつての共同体の生活が郷愁を誘うとしても、いまのぼくたちがそんな生活に耐えられるかどうかは、わからない。伝統的な共同体が崩壊して、人々が都市に集まると、人々は共同体の絆《きずな》から解放されて、無名で孤独の生活を送るようになる。孤独かもしれないが、人々のまなざしにさらされず、プライベートな空間と時間をもてる気楽な生活でもあり、自分のやりたいことを試す自由もある。都市で無名のうちに暮らすということは自由になるということでもある。

資本主義の社会というものは、共同体が崩壊した後に、自分の労働力を売らねばならなくなった人々を原動力とする社会の仕組みだ。こうした社会ではかつての共同体の内部で人々を拘束していた身分や地位のようなものもほとんど消滅して、だれもが働かねばならないと同時に、だれもが自分の欲望（＊208ページ）を自由に満たすことができるようになる。人々の消費の欲望に基づいたこの社会は、かつての共同体が崩壊したところでしか登場しえなかったのだ。

【想像の共同体】ぼくたちはかつての伝統的な共同体から離脱したが、いまやメディア（＊198ページ）などの力でもっと新しい共同体のうちに暮らすようになった。ぼくたちは日本人というアイデンティティ（＊16ページ）をもって暮らしているし、日本という国で生活しているからだ。

この国民国家という共同体は、近代になって登場したものだ。この共同体は、かつての村落の共同体とは違う性質のものであり、「想像の共同体」というヴァーチャルな意味をもっている。そしてこの共同性の意識が国外でも国内でも、ときに戦争や差別や厳しい抑圧をもたらすことがあることは、過去の歴史が教えてくれることだ。そしていまなおぼくたちは東アジアの隣国との間で、さまざまな軋轢《あつれき》を経験し続けている。

【世人】自由になったぼくたちは、共同体から離れた後も、ある種の疑似的な共同性を作りだす傾向がある。野球の巨人ファンは、居酒屋で昨日のゲームについて、見知らぬ人々とも盛り上がることができる。巨人ファンという大きな共同体のうちで、仲間を見いだすことができるのだ。ロックのコンサートでもサッカーのゲームでも、ぼくたちは同じ嗜好《しこう》をもった仲間とともに、ささやかな祝祭のような気分を味わうことができる。

現代のメディアは、こうした同じ趣味や考えをもった人々の存在を強調してみせる。ぼくたちはサッカー・グラウンドに出かけなくても、テレビで観戦するだけで、大きな共同体に属することを実感することができるのだ。しかしこの共同体の感情は、翌日にはしぼんでしまう。どこのだれとの共同体だったのかもわからないくらいだ。ドイツの哲学者のハイデガー（一八八九～一九七六）は現代社会のこの脆《もろ》い共同性のありかたを「世人《せじん》（ダス・マン）」という概念で強調した。疑似的に作りだされたこの共同性のうちで人々は、自分のほんとうの生き方から目を背けてしまうと指摘した。たしかにぼくたちにも思い当たるところはある。

それでもぼくたちは共同体を求めざるをえない。それは空しい想像のうちだけの共同体ではなく、人々との合意のもとでたがいに力を発揮することのできる組織（アソシエーション）のようなものかもしれない。あるいはインターネット上の仮想的なコミュニティかもしれない。国境の意味が薄れてきたグローバリゼーション（＊90ページ）の時代にあって、国民国家の枠組みを超えた世界的な連帯の場かもしれない。他者（＊148ページ）を抑圧せず、すべての人の力を伸ばすことのできる共同体はどのようにして可能だろうか。ぼくたちはまだ見ぬ真の共同体を模索し続ける。

035

虚構(フィクション)

虚構というのは、真実ではない見せかけ(虚)という意味と、現実(＊98ページ)とは違う作り事(構)という意味をあわせもった語だ。どちらにしても、事実からではなく、ひとが想像で作ったものという意味が含まれている。でも真実とは何か、現実とは何かと考えてみると、簡単にはいかなくなる。虚構がときに現実の真実の表現よりも、ぼくたちの心の真実を語ってくれることもあるからだ。二〇〇一年九月一一日の同時多発テロで、ニューヨークのツインタワーが崩壊したとき、ぼくたちは多くのSF映画を思いだしていた。現実が虚構を模倣しているように見えたのだ。虚構は現実よりも真に迫っていることがある。

[神話] ソクラテスは多くの対話編で、対話の相手に神話(ミュトス)を語るのをやめてくれと頼んでいる。たとえば徳とは何かを考察する対話では、徳は神が人間に与えたものだという神話で、徳を人間に教えることができると説明しようとする。しかしそれでは徳とは何かというソクラテスの望む地道な考察は到底できなくなってしまう。こういう神話があると言われたら、反論できないからだ。ソクラテスは神話という虚構ではなく、対話によって語り手の論理が一貫しているかどうか、矛盾がないかどうかを確認していくことで、真理に到達しようとしたのである。

[弁論術] 神話という虚構と哲学の真理を対立させる考え方は、西洋の伝統を貫いている。プラトンは哲学とは真理を直接に見て語る営みだと考えていた。だから言葉に飾りはいらないし、言葉を飾ることは、語ることに真理が欠けていることだと考えたのだ。レトリック(＊214ページ)としての弁論術というものは、あるものの真の姿を語るのではなく、言葉の飾りによってその議論をごまかし、相手を説得する術だとされるようになった。真理でないからこそ、弁論術が必要だと見なされたわけだ。哲学者から見ると哲学は真理の側に、弁論術は虚構の側に

位置している。

【宗教】ところが西洋の社会はキリスト教という宗教に依存してきた。最初は政治的な権力はキリスト教と対立していたが、やがては人々の心を捉えたキリスト教に頼らずには権力を維持できなくなったのである。周知のようにキリスト教の教義には、神の子の死と復活、処女懐胎のように、虚構と見なさざるをえない物語がその核心にある。そして西洋の中世から近代の政治理論には、こうした宗教的な虚構が潜んでいるのである。王権神授説などの理論はその典型である。日本だって例外ではない。

だとすると、社会の機構そのもののうちに、宗教的な虚構が入り込んでいることになる。イスラームの世界を見ても、預言者ムハンマドが神から伝えられた言葉が、社会の機構や法律の根拠とされているのである。ぼくたちは科学や学問によって真理を探究しているはずなのだが、それでいてぼくたちの生活の根っこのところには虚構が存在していることになる。

文学において虚構を代表するのは小説であり、フィクションというとすぐに小説を思いだす。ところが小説という文学のジャンルは、近代になってから登場したものだ。もちろん中世までの時代にも、小説に該当するものがなかったわけではないが、基本的に叙事詩や寓話として分類されるものだった。

マルクス主義の哲学者・文芸評論家のルカーチ（一八八五〜一九七一）は、小説が登場するようになったのは、共同体の枠組みから外れて、個として社会のうちで孤独に生きる人々が自分の内面の心の動きに関心をもつようになったことが大きく寄与したと考えている。人々が封建時代の騎士物語やキリスト教の聖者物語などの伝統的な物語を信じるのをやめて、小説で描かれるごくふつうの人間の心の動きに自分の気持ちを読み込むようになったというわけだ。書かれたフィクションは、読者がさまざまな形で自分の内面を読み込んでいくことで、作者の意図を超えた広い世界を構築する力を与えてくれるのである。

036

近代（モダン）

モダンという言葉には複雑な含意がある。まず近代とは、古代や中世に対立して考えられた言葉である。近代という時代は、一八世紀の啓蒙（＊96ページ）の時代とともに始まる。啓蒙の時代は、キリスト教が支配的な中世との対立を意識した時代なのだ。中世という言葉そのものにその性格が現れている。古典古代（クラシック）を理想と見なし、近代は古代を復活し、それを新たに進めていく時代であり、中世はその中間の時代にすぎないというのである。モダンであるということは、つねに新しく現代的であるという意味であり、近代とは強烈な時代意識に刻印された時代なのである。

［進歩］ 近代という時代は、封建時代の共同体（＊82ページ）が崩壊して人々が原子的な個人にまで分解され、産業化が進んだ社会の中に大衆として登場した時代、民主主義と合理性（＊110ページ）が尊ばれる時代である。近代においては進歩という理念が中心的な役割を果たし、人間は永続的に進歩し続けると考えられるようになった。また、宗教的なものを否定し、科学技術と資本主義的な市場（＊120ページ）の力で、人間の生活がつねに改善され、未来に明るい希望を抱く時代でもある。

しかしこの「進歩」には両面があることを忘れてはならない。近代の産業社会の進展とともに、人々の生活が一変したのである。かつては地域共同体のうちで庇護されていた人々も、都市で自分の労働力を売らなければ生活していけなくなる。労働は過酷で生活は苦しいために、近代に対する絶望も噴出する。かつては自然とともに暮らしていた人間は、近代にいたって自然を改造し、環境（＊66ページ）を破壊するようになる。近代の科学と技術はいまやヒトの遺伝子など、これまで人間にとって基本的な生存の条件とされていたものにまで手をつけ始めたのである。

［民主化］ ぼくたちは近代の裏面を無視することができないと同時に、近代のもたらしたものの大きさを忘れて

はならない。資本主義の市場社会においては、政治機構は人々の民主的な運営に委ねられなければならないことが明らかになっている。市場が競争と価格で決定されるように、政治指導者も選挙によって選びだされる。選挙で選ばれた政治家が、指導力を発揮し、説明責任を果たす民主主義の機構が、近代にふさわしいシステムであることが証明されたと言ってもいいだろう。

そして富はかつてのように集中するのではなく、労働者が同時に消費者として商品を購入することで資本主義を支える。労働者は搾取《さくしゅ》されるだけの存在ではなく、商品の購入者でもある。近代の社会とは、人々がさまざまな欲望（＊208ページ）を満たすことができ、新しい欲望が次々と誕生してくる社会でもある。

【近代化】 まだ近代化が途上にある地域もあるが、世界のさまざまな国は、工業化と民主化を経験し、独自の近代化の道を進んできた。ヨーロッパ諸国、そして日本は一八世紀から一九世紀にかけて国民国家を形成し、近代的な国家として登場してきた。それぞれの国に独自の近代化のプロセスがあり、固有の歴史がある。近代化のありかたが、その国の個性を作りだしていると言えるだろう。

日本でも近代化についてさまざまな論争があった。日本の近代化が不十分だという議論はいまだに尽きない。とくに戦後民主主義と呼ばれた議論では、戦争の惨禍《さんか》をもたらした日本の近代化の問題に焦点が集まった。日本の民主主義が不完全なものであるとか、日本人は自我を確立していないなどと主張された。いまでもこうした議論の残響が聞こえるほどである。

ポストモダン（＊188ページ）論争とともに、もはや近代は終焉《しゅうえん》したと叫ばれた。たしかに現代では近代のさまざまな問題が深刻となり、新しい様相を示し始めただけに、近代の限界が認識されるようになってきた。しかしぼくたちが近代のもたらした力と矛盾のうちにまだ生きているという意味で、近代を簡単に否定することはできないだろう。モダンとは、特定の時代のことではなく、時代意識を示すものだからだ。

037

空間

空間と時間は、ぼくたちが物事を認識（＊160ページ）する際に基本的な役割を果たす。時間を考えるとき、ぼくたちはある一定の空間を通過する長さで考えることが多い。また空間の大きさも、徒歩二時間、自動車で三十分のように、時間で考えることが多い。昔ヨーロッパでは、牛二頭で一日に耕せる分を畑の広さの単位としていたこともあるくらいだ。空間と時間はたがいに深い関係にある。

［絶対空間］空間が純粋に空間として認識されるようになったのは、近代になってからのことだ。古代のギリシアでは空間というよりも、ある物が存在する場所が重要だった。何ものによっても満たされていない真空というものは、ギリシア人にとってはいとわしいものだった。

近代になると、すべてのものは三次元のデカルト座標でその位置を指定できるようになった。デカルト座標の空間とは、何も存在せず、存在するものの位置を指定することのできる抽象的な空間である。ギリシアの時代のように、物のある場所から空間を考えるのではなく、空間から物の位置を考えるようになったというのは、物の見方がまったく逆転したということを意味している。

ニュートン（一六四二～一七二七）の物理学にいたって、この近代の空間概念がきわめられるようになる。人間も動物も何も存在しない空虚な空間が考えられて、これを絶対空間と呼んだのだ。万物が創造される以前の絶対空間という考え方には、神学的な含みがある。この絶対空間は、神が創造し、神が見る空間なのだ。その空間の中において、神が天地を創造して以来の絶対的な時間が流れるのである。

［場］すべてのものを抽象（＊150ページ）した後に考えられたこの空間と時間の概念は、きわめて近代的なものだった。こうして事物の存在は、空間や時間から完全に切り離されることになる。しかし、この近代的な空間と時間

の概念にはやがて異議が唱えられるようになる。

最初の異議は、カントの哲学から訪れた。カントは純粋な時間や空間が存在するのではなく、人間が何かを認識するときには、空間と時間という形式を使わざるをえないのだと考えた。空間があって、そこにひとが何かを知覚するのではない。人間が知覚するときには、どうしても空間という形でそのものを捉えるしかないのである。

人間が認識する空間は、人間に固有のものである。蠅《はえ》も知覚するときに空間を認識する形式を使っているだろうが、その空間認識の形式は人間のものとはまったくかけ離れたものだろう。動物行動学などの学問を駆使しても、ぼくたちは蠅やコウモリの空間の形式を知ることができない。人間の空間の形式にあてはめて類推（＊22㌻）することができるだけだ。

もう一つの異議は、物理学の分野でもちあがった。アインシュタイン（一八七九〜一九五五）の相対性理論では、空間は事物の存在と切り離すことはできない。事物が存在すると、その重力で空間が歪《ゆが》むのである。そしてこの空間の中の時間も歪んでくる。物体の質量とエネルギーが分離できないように、空間と時間も分離できない。何も存在しない絶対空間という概念そのものが否定される。すべての物は存在することで、ごく軽微ではあれ、空間にも時間にも影響を与えていることになる。

人間はだれも同じ空間の形式を使っているはずだが、民族によって、あるいは人によって微妙な空間意識の違いがある。文化によって他者と会話をするために心地好い距離というものには違いがあるという。日本の通勤電車のように身体がぴったり接触する空間は、外国ではなかなか見かけない。知覚の形式としての空間は同じでも、真っ直ぐな道路で人為的に区切られた都市の空間に住む場合と、くねくねと曲がる自然な道の多い農村に住む場合では、空間の把握方法も異なってくるに違いない。風景や風土（＊170㌻）の問題もからめて、場としての空間はぼくたちの認識を大きく左右する力をもっている。

038
グローバリゼーション

日本が開国して地球が一つになったと語ったのはマルクスだが、現在ではほんとうの意味で地球（グローブ）は一つになりつつある。社会主義と資本主義という冷戦の対立の構図が崩壊して、すべての国が資本主義の原理によって支配されるようになった。そしてこの資本主義という経済システムとなじみのよい民主主義の原理が多くの国で採用されるようになっている。文化（＊176ページ）という面から見ても、グローバリゼーションは、これまでの国際化とは規模の違うものとなっているのである。

［大きな身体］ グローバリゼーションが進むことで、ぼくたちは自分のアイデンティティ（＊16ページ）を日本人としてだけではなく、アジア人として、地球人として感じ始めている。いわば地球は一つの宇宙船のように宇宙のただなかを航海しているのである。地球の自然環境（＊66ページ）に国境というものはない。ウクライナのチェルノブイリ発電所で事故が起きたときには、隣接の諸国だけではなく、遠く日本にも影響が生じた。ぼくたちの家庭にある冷蔵庫に使われていたフロンガスは、大気圏のオゾン層を破壊することがわかり、使用中止になりつつある。地球の温暖化はさまざまな異常気象の原因となり、日本列島に到来する台風の数を増やしているらしい。

ぼくたちは地球を自分の大きな身体のように感じ始めている。遠いヒマラヤの氷河も、インドネシアの原生林も、間接的にぼくたちに影響してくるからだ。ぼくたちが食べる野菜や魚や肉も、多くは外国から輸入される。生活のすみずみまで輸入品が浸透しているいまほど、グローバルな視点が求められる時代はないだろう。

［功罪］ グローバリゼーションは世界を一つにした。そのことは避けられないことだ。ぼくたちはアラブ諸国の動向から目を離すことはできないし、イスラームについて学び、理解することは必須のことのように思える。そ

していままで知っていたつもりだったキリスト教や西洋の文化について、さらに理解を深めることを求められている。

グローバリゼーションはさまざまな文化の違いを人々に認識させた。異質な文化との交流がさかんになると衝突も生じる。「文明の衝突」という言葉が流行したこともあるが、文化の相対的な差異に人々の意識が高まり、他なる文化に対する認識も深まってきたのはたしかだろう。

それでもグローバリゼーションにはいくつかの問題がある。アメリカ的な文化が地球を席巻したことに、大きな反発が生まれるのは無理からぬことである。世界の多くの国で、安価なコーラやハンバーガーなどのファーストフードを食べすぎて肥満や糖尿病になっている子どもが多いという。

またグローバリゼーションとともに、すべての国に市場（＊120ページ）原理が導入された。一九九〇年代のアジア通貨危機の際には、一部の投機組織がタイやインドネシアの為替《かわせ》相場に介入して巨額の資金を稼ぎ、経済と政治の構造を破壊しかけたのだった。

また世界銀行やＩＭＦ（国際通貨基金）は発展途上国の開発援助の条件として、市場の開放を求めることが多い。市場を開放するということは、自国の農民や漁民たちを、有利な立場にある資本主義大国の農民や漁民たちと競争させるということだ。巨大な畑に遺伝子操作した種を撒《ま》いてトラクターで耕す農業資本家と、小さな畑を伝統的な方法で耕す農夫が同じ条件で競争するのは、果たして公正なことなのだろうか、つい疑問に感じてしまう。市場原理が貫徹するということは、よいことばかりではないのだ。

こうしたグローバリゼーションに異議を唱える人々も多い。正面から反対する人々も、別なるグローバリゼーションを求める人々もいるが、現代の時代的な趨勢に背を向けて、過去の時代を懐かしむのではなく、地球が一体となったことの弊害をただす道を探していく必要があるのはたしかだろう。

039

群衆

人々は群れるものだ。『旧約聖書』には、群れで行動するイスラエルの民が生き生きと描かれている。『新約聖書』でも、イエスを取り囲む群衆の力を恐れて、イエスを簡単には弾圧できなかった様子が描かれている。しかし群衆が社会的な現象として注目されるようになったのは、近代に入って伝統的な共同体（＊82ページ）が崩壊し、人々が都市に集中してからのことだ。

農村の共同体では人々の多くは顔見知りであり、身元も明らかである。しかし近代のヨーロッパの都市では戸籍のような制度もなく、国家は都市の住民を特定することができなかった。人々は都市においては、名前のない匿名の人間として群れて行動する。それがやがて政治的な力をもつようになるのである。こうして個人としての行動と、群衆としての行動に違いがあることが認識され、群衆に注目が集まるようになる。

[群集心理] 群衆となった人々は、個人とどのように違うふるまいをするのだろうか。群集心理という語は、群衆となった人々は無責任で暴力的になり、暗示されやすく盲目的に行動するという、否定的な含意で使われることが多い。この概念の背景にあるのは、都市の住民への恐怖感だった。一八七一年のパリ・コミューンでは、ドイツ（プロイセン）軍に攻め込まれて交戦もせずに降伏したフランス政府に抵抗して、パリの住民がバリケードを作り、銃を手にした。市民の自発的な行動への恐怖が作りだした概念というわけだ。

[革命群衆] 人々が単独ではなく、群衆で行動する際に、きわめて高度で理性（＊210ページ）的なふるまいをすることもある。ロシア革命において民衆の行動は革命の指導者たちの理論を追い抜いてしまった。人々はソヴィエトという自治的な組織を作って行動し、すべてを議論で民主的に決定した。その議論のうちで、それまでは凡庸で指導が必要と見なされていた民衆が、すばらしい叡智《えいち》を示したことは、トロツキー（一八七九～一九四〇）など革命

の多くの指導者が証言している。革命群衆という概念は、群集心理とは反対に、まだ解明の行きとどいていないこうした暗がりに光をあてようとするものだ。

【集団心理学】 群集心理の理論を批判しながら、集団で行動する群衆の欠点と利点を無意識（＊194ページ）の理論から考察しようとしたのがフロイト（一八五六～一九三九）である。フロイトは人間が集団に入ることで、それまでの抑圧が取り除かれて人間の無意識が作動し始めると考える。群集心理として否定的に描かれるのは、人間が社会の中で抑圧してきた原始的な本能のたがが外れて、ほんらいの破壊的な威力を発揮しはじめるということだ。同時にフロイトは、集団の中では人間の自己保存の本能がうすれるので、利他的な行動や、無私で理想的な行動などが起こることにも注目している。

【原始的な人間】 フロイトの群衆論で注目されるのは、軍隊など集団のありかたを分析しながら、人間の無意識に潜む破壊的な欲動から、社会の形成を論じていることにある。フロイトは、あらゆる人の心には原始的なものが眠っていて、群れが形成されるとそれが目覚めると考えた。原始的な群衆は、一人の強力な指導者に支配された集団であり、群衆はこの指導者をあがめるとともに、この指導者を殺害して群れを自分のものとしたいと欲望すると考えるのだという。こうして、たがいに見知らぬ他者の行動を模倣（＊200ページ）することで、犠牲となる人間を選びだし迫害してしまうというジラール（一九二三～）の迫害群衆の概念とともに、フロイトはぼくたちの心の闇の部分に分け入ろうとする。

社会学の分野でも注目すべき群衆論が登場している。近代社会においては、人々は伝統的な共同体から離れて匿名の個人となるが、それだけに自己（＊118ページ）の評価とアイデンティティ（＊16ページ）を確保するには、他人の評価に頼らざるをえなくなる。そのために他人を模倣しながら行動することが多い。群衆とはこのように模倣する人々の集団であり、たとえば消費活動においても、他者の消費行動を模倣する人々が重要な役割を果たすことになるのである。

040 形而上／形而下

これは「概念」（＊54ページ）という語と同じように、中国由来の言葉だ。『易経《えききょう》』でこの二つの語は対比的に定義されている。形而上《けいじじょう》とは道のこと、形而下《けいじか》とは器のことというのがその定義だ。道とは形がなくて、目で見ることはできず精神で認識すべきものであり、器とは目で見えるもののことだ。だから形而上とは精神的なものであり、形而下とは物質的なものである。でも現在は、形而上と形而下という形ではほとんど使われなくなっている。形而上的という用語は、現実（＊98ページ）に即さない抽象的な思弁を非難するために使われるにすぎないのだ。だからこの項では、西洋の形而上学について考えることにしよう。

【メタフュジカ】アリストテレスの著作『形而上学』（メタフュジカ）にはタイトルがなかった。『自然学』（フュジカ）の考察の後（メタ）に置かれているために、最初は便宜的につけられた名前だった。アリストテレスは『自然学』で物質的な自然について考察した後、『形而上学』では存在そのものについて考察していたのである。このため存在についての学、物質的ではない抽象的な概念についての学は、形而上学と呼ばれるようになった。そもそもメタという接頭辞には、「後」という意味のほかにも、「上の」「超えた」という意味もある。形而上学とは超越（＊152ページ）的なものについての考察となってきたのである。

【形而上学の重要性】アリストテレスの哲学では、存在についての学問は存在論と呼ばれ、これが第一哲学としてもっとも重要なものとされていた。中世の哲学においても、さまざまなカテゴリー（＊60ページ）を超越した上位のカテゴリーである存在や善などの概念を考察することが重要な課題だった。しかもこうした善などの超越的な概念は、神の属性としてキリスト教的に解釈されたのだった。神は善なるもの、至高の存在であった。だから中世にいたるまで形而上学は哲学の王道だったわけだ。

[形而上学の否定] しかし啓蒙（＊96ページ）の時代を迎えると、こうしたキリスト教の神学的な理念は否定され、世界を科学的な視点から解釈する傾向が強くなる。超越的な存在として世界を支配していた神が姿を隠して、人間が世界を科学と技術の力で改造していくようになる。こうなると形而上学は分が悪くなる。実証主義の哲学者のコント（一七九八～一八五七）は、「人間の知は最初は神話的なものであり、次に形而上学的なものになり、最後はこれを克服して実証的なものとなる」と主張した。形而上学的な学問は、世界を変えることができず、世界について思弁するだけのものとして否定されたのである。

[抜け道] こうして形而上学は哲学の王道ではなく、哲学の汚名となった。形而上学はまだこの汚名をそそぐことに完全に成功したわけではない。現代の多くの哲学は、超越的なものを思考する形而上学という方法をとらないように試みている。たとえば分析哲学もその迂回路の一つだ。ウィトゲンシュタイン（一八八九～一九五一）はぼくたちが日常的に使う言語を分析することで、形而上学という病から治癒されることを試みた。

ぼくたちが認識（＊160ページ）するものを、認識する対象と認識する営みという意識のありかたから考察しようとする現象（＊100ページ）学は、世界を俯瞰《ふかん》する視点を否定する。人間の意識に内在する場から、自我について、世界について考察を展開しようとする。また解釈学という試みは、人間がテクスト（＊154ページ）を解釈する行為の背後にある地平を探ることを試みる。テクストを外部から超越的に解釈するのではなく、テクストを理解するために必要な内的な構造と条件を考察しようとする。どれも超越的なものを経由する形而上学という隘路《あいろ》を迂回するための、周到な手法を用意しているのだ。

このように形而上学を迂回するのではなく、形而上学を正面から批判する試みも行われてきた。たとえばデリダ（一九三〇～二〇〇四）の脱構築という概念は、形而上学のテクストを忠実に考察しながら、西洋の形而上学が暗黙的に想定しているものを暴きだす試みとして注目される。

啓蒙

蒙は「暗さ」、啓は「ひらく」だから、暗がりに光をあてて明るくすることだ。フランス語ではLumières《リュミエール》と、「光」という語の頭文字を大文字にすると、啓蒙《けいもう》という意味になる。人々の無知を啓発することだから、考えようによってはおしつけがましいところがある。それでも近代（＊86ページ）の初頭（一八世紀）には、「前近代的な」ものから脱却しようとする真剣な運動が起きて、それを啓蒙時代と呼ぶようになったのだ。

【自律】さて、この暗さはどこから来るのか。啓蒙とは何かと考えたカントは、この暗さはぼくたちがみずからの理性（＊210ページ）を使わないことから来るのだと考えていた。ぼくたちは道徳については宗教に、政治については国家に自分の判断をゆだねてしまう。そのように判断を他人に任せるのをやめて、自分で考えることが大切だとカントは指摘する。その意味では啓蒙とは、ぼくたちが自律（＊132ページ）するための大切なステップだ。

【宗教】カントも指摘しているように、この暗さの一部は宗教から来るものだった。啓蒙の時代に何よりも求められたのは、キリスト教の伝統的な権威を盲信することをやめることだった。世界に新しい光がさして、中世という闇の時代を終わらせると信じられていた。この光は人間の理性であり、とくに科学的な知識だった。さまざまな分野で近代的な科学が誕生するとともに、それまでの宗教的な教義のもつ矛盾が明らかになってきたのだった。

　この啓蒙の時代は、古代の価値が転倒した時代でもあった。それまでは古代がもっとも優れた時代であり、それ以後人間は堕落してきたと考えられていた。しかし近代にいたると、人間は科学の力によって無限に進歩するという信念が強まってきた。科学的な発見で、古代の科学の間違いが明らかになってくると、『聖書』で語られていることも荒唐無稽《こうとうむけい》に思えてくる。宗教の教義の否定と進歩の観念が結びついて、人間には輝かしい未来が約束されているように思えたのだった。

【政治】 この啓蒙は、伝統的な政治理論を批判するために重要な役割を果した。たとえばイギリスでは王権神授説が主張されていた。王は神から王たる権利を授けられているという理論は、王権の正統化のために宗教が利用されたものであり、啓蒙の理論は宗教批判とともに、こうした政治理論の批判に進んだ。

啓蒙の時代が宗教的な政治理論の代わりに提示したのは、人間をまだ政治的な制度の存在しない自然状態のもとにおいて考えることで、社会や国家の成立を説明しようとする方法だった。社会というものは、理性的な人間が他者と出会い、契約を結ぶことで設立されるというモデルを作りだしたのである。

ただ考えてみれば、人間は社会の中から生まれたものであり、人間が人間となったときにはすでに社会のうちにいたはずである。だから自然状態から契約によって社会の成立を説明するというこの社会契約の理論は、歴史的な経緯と一致するものではない。そもそも自律的な行為として契約を結ぶ個人が、共同体から解放されて都市に移り市民社会を形成することが暗黙のうちに想定されているのだ。しかしこの理論が宗教と政治の結びつきを絶つために果たした役割は大きい。

啓蒙の理論は、近代の初頭にあって西洋の社会の近代化に大きな役割を果たした。一七八九年からのフランス革命は、人々が伝統的な国家の支配者を殺害して、自分たちの力だけで国家を作り直すことができることを示した画期的な出来事だった。しかしその後の恐怖政治の時代が示すように、理性に依拠するはずの啓蒙が惨禍《さんか》をもたらすことも明らかになってきた。

第二次世界大戦中のナチスのユダヤ人虐殺や原爆の投下が示したように、啓蒙されたはずの近代は、かつてない大量殺戮《さつりく》の時代となった。理性の名において実現された闇は、中世の時代よりももっと暗く、深いものだったことが明らかになってきたのである。ぼくたちは啓蒙のもつ進歩への期待を捨て去ることはできないが、同時にその逆説（＊78ページ）にも目をつぶってはなるまい。

042

現実（リアリティ）

小説や映画などで、「この描写はリアルだね」ってよく言うけれど、リアルだということは、ほんとうは現実ではないということを意味している。現実という概念は不思議なところがある。ぼくたちは現実を夢想と対比させたり、虚構と対比させたりする。けれどもぼくたちが生きているこの現実は、ほんとうにそれほど現実的なのだろうか。そこから問題が生まれる。

[胡蝶の夢] いくつかの有名なSF映画では、ぼくたちが信じている現実というものが、それほど確実なことではないことを実感させてくれる。シュワルツェネッガー主演の『トータル・リコール』は自分の記憶がすべて植えつけられた偽造のものであると知らされた人物のヴァーチャル・リアリティの冒険だし、『マトリックス』は現実と信じられているものが、コンピュータによって作りだされる夢にすぎないというものだった。古くには荘子《そうし》の「胡蝶《こちょう》の夢」という故事がある。荘子は夢の中で蝶になって楽しく暮らしていたが、覚醒してわれに返り、果たして自分が蝶を夢見ていたのか、蝶が夢で自分になっているのかと問い掛けていた。この現実というものは、どれほどたしかなのだろうか。

たしかなのは、たとえぼくたちがコンピュータによって作りだされた夢を生きているのだとしても、現在のこの知覚を信じることしかできないということだ。それが信じられなくなったところで、現実との齟齬《そご》を調べるしかない。四角い塔が丸く見えていたとしても、そのように知覚されるならば、その塔が四角いことが明らかになるまで、その塔は丸いという知覚に依拠するしかない。そして隣にいる友人にもその塔が丸く見えているなら、それが少なくともぼくたち二人にとっての現実なのだ。その知覚を共有する人が多くなるほど、その知覚の現実性は強まることになる。

[実在] でもぼくたちがほんとうの現実を知覚していないのではないかという疑いは、哲学の歴史と同じくらい

古いものだ。古代ギリシアで詭弁《きべん》を弄《ろう》すると非難されたソフィストたちは、人間には現実を認識（＊160ページ）することも、認識したものを他人に伝えることもできないという逆説（＊78ページ）を語っていた。プラトンもまた、ぼくたちが認識しているものは、イデアの影のようなものにすぎないと考えた。ぼくたちは洞窟の中に後ろ向きに縛られていて、背後から来る光が壁に映す像を眺めているようなものであり、この洞窟から出て、太陽の光線のもとで真の存在を眺めない限り、すなわち哲学の営みによらない限り、真の実在を認識することはできないと考えたのだ。

【主観と客観】近代哲学では、認識する主体（＊126ページ）としての「われ」を前提としてものを考えるようになった。デカルトにおいては、真に存在するものは、この思考する「われ」がはっきりと認識するものだけに限られる。このとき現実に存在するものがどのようなものであるかという現実の真の姿は問題ではなくなった。主観によって認識された世界だけが現実の世界なのである。

カントにおいては、真に実在する事物は物自体として人間の認識の彼方にあるものとされた。ただ人間が認識する世界は、すべての人間に共通で客観的なものと見なされるようになったのである。こうしてデカルトを経てカントにいたって、現実を認識する主体としての主観と、認識される客体としての現実の世界という二元論（＊30ページ）的な構図が確立されることになった。

この主観と客観の二元論の構図は、心身二元論として近代の哲学を規定する枠組みとなった。しかし人間が現実を認識することで、客観的な世界が作りだされるという二元論的な構図は、さまざまな問題を露呈している。とくに、認識する主観である人間が、同時に認識されるべき客観である身体的な存在であることが、この二元論には大きな問題をもたらす。認識する主体である魂が病むことで、身体が病む場合があることも、この二元論はうまく説明できないのである。現代哲学は、認識する魂と認識される現実の事物という枠組みを破壊するためのさまざまな試みとも言える。

043

現象

現象とは現れということであり、それは世界が人間に「像」として立ち現れることを意味する。古代ギリシアのプラトンの時代から、見えるものとしての現象には仮象（＊56ページ）という性格と、真理という性格があった。プラトンは人間が認識できる現象は、実在そのものではなく、実在の仮象にすぎないと主張していたが、プラトンの真なる実在（イデア）、アリストテレスの形相《けいそう》（エイドス）という語はどれも「見られたもの」という意味の語から作られている。真なる実在は、見られた現象という意味から離れられないのである。真なる実在とたんなる現れというこの現象の両義的な性格は、現代にいたるまで続いている。

[本質と現象] 現象の概念のこの両義的な性格をうまく表現し、現象とは別に実在そのものを示す本質（＊190ページ）のようなものが真理として存在しないことを示した、ヘーゲルの現象についての考え方を紹介してみよう。たとえば光を考えてほしい。光の現象とは、湖の表面が輝き、夕焼けで空が赤くなり、樹木から落ちる木《こ》洩《も》れ日である。しかしこれらの現象の外に、光そのもののようなものがあるのではない。光の本質は、これらのさまざまな現象としてそのまま現れているのだ。君が詩人だとしよう。君の詩人としてのほんとうの力は、書かれた作品のうちに現れる。君が「ぼくはもっと優れた詩人だし、ぼくの力はこんなものじゃない」と言い張っても、君の真の力は君の作品のうちに現れたものでしかないはずだ。現れとは、実在そのものではないだろうか。

ぼくたちは、何か隠された物自体のようなものや本質的なものがあって、それが人間に仮象である現象として現れると考えがちだ。ところがヘーゲルは、本質というものは現象しなければどれほどのものでもないと考えた。本質あるいは真理は現象として現れるということの洞察は鋭い。

[遠近法] すべてのものは人間に現象として現れるほか

ない。そしてすべての人にとって、世界の現れは異なっているはずだ。二人の人が同じ草原を眺めているとしても、すでにその位置が違うし、その人の視覚能力が異なれば、見えかたも違うはずだ。それに個人的な経験と記憶の違いで、その風景に別の思い出を重ねているかもしれない。だから同じものを見つめる無数の視点があり、その視点ごとに違った現象が現れることになる。

　ニーチェはこの視点の違いに注目して、人間のすべての価値判断の背後には、それぞれの人間に固有の遠近法があるのだと考えた。人間が何かを認識するというのは、その人の遠近法に基づいて世界を切りとるということであり、人間の眺めている世界のほかに、真の世界は存在しないことを指摘する。知覚そのものに価値判断が含まれ、それが人間という種や、その人の個人的な経験によって彩色されているというこの視点は、真理という概念を相対化するという機能を発揮した。

ところでヘーゲルの現象の概念をひきついだのがフッサール（一八五九～一九三八）の現象学という学問である。現象学ではぼくたちの知覚のうちに現れる現象しか信用しない。人間の意識は意識する行為と意識される対象という志向性の構造（＊108ページ）をそなえている。すべてのものがこの構造のうちで解明されるのだ。カントは認識する人間の知覚と判断の構造だけに注目していた。カントは認識される現象そのものの性質にはあまり興味を示さない。ところが現象学では、人間が認識した現象の性質そのものと、精神における働きにまで目を向ける。

　たとえばフランスで現象学を展開したメルロ＝ポンティ（一九〇八～六一）は、知覚という行為がどのようにして人間にとって可能になり、どのような構造をそなえているかを詳細に研究した。二つの掌を合わせるという行為から、切断した脚にまだ痛みを感じるような出来事にいたるまで、詳細に考察できるようになった。怠惰について、眠気について、目覚めについて、人間のあらゆる行為をその現実の現れから考察する方法を編みだした現象学という方法の用途は無限だといってよい。

言説（ディスクール）

ディスクールというと難しく聞こえる。でもフランス語ではたんに語る行為や語られた内容を指すにすぎない。演説だって一つのディスクールだ。ただしフランスの哲学者のフーコー（一九二六～八四）がこの概念をさまざまな言語行為を分析するツールに仕立てあげた。ディスクールとは、ある事柄について語られたことの全体であり、その基本単位は発話（エノンセ）である。書かれたものとしてのエクリチュール（＊40ページ）よりも広い意味のものであり、その語られた根拠や背景や権威などを考察しようとする手法となる。ディスクール分析は哲学、社会学、政治学などのさまざまな分野で使われるようになっている。

【方法】フーコーはまず、あるテーマについて語られたさまざまな議論の総体（これがディスクールだ）をまとめてみる。そしてその議論がどのようなグループに編成できるかを調べる。そしてそのグループの土俵を構成している規則を分析するのだ。

たとえば狂気という概念についてフーコーは詳細な考察をしている。一八世紀から一九世紀にかけて狂気について語られたあらゆる文献を渉猟《しょうりょう》して、狂気についてどのようなディスクールが残されているかを明らかにする。これは精神科医の語ったディスクールに限らない。狂者の残した文章、精神病院を規制する法律、精神病院で患者を治療する道具や方法、狂気についての文学的な考察まで含めることができる。そして狂気という概念はどのようにして作られたか、その時代に人々は何を狂気と考え、何を狂気でないものとして許容していたかを明らかにすることができる。

大切なのは、狂気について語られたディスクールの全体を明らかにすることで、狂気について語られなかった空白の場所も示すことができるということだ。時代が変わってくると、狂気についてのディスクールも変動する。すると前の時代では語られなかったことも語られるようになる。そのとき、前の時代の狂気のディスクールにおける欠落部分が明らかになる。それまで語られなかったことが語られるようになった理由を分析することもできるようになるわけだ。これでその時代に人々が狂気について無意識のうちに考えていたこともはっきりしてくる。語られていなかったことが語られるようになったのは、無意識的なものが意識化されたことを示すからだ。

このディスクール分析は無意識的なものまで考察することができるという意味では、イデオロギー批判と共通するところがある。イデオロギー批判は、その時代の人々の思想を、一つの「虚偽意識」として考察しようとする。自由、平等、教養、学問などの理念の背後に隠されているほんとうの機能を暴こうとする。ただしマルクス以来のイデオロギー批判では、これらの機能を経済的な「下部構造」という視点から批判することが多かった。そのために結論がすでに決まっていることになってしまう。またイデオロギー批判は、その理念の無意識的なところを攻撃の対象とするために、その攻撃の刃が自身に戻ってくることもある（「イデオロギー」の項目（＊32ページ）を参照してほしい）。自分にはイデオロギーがないと主張するほど、イデオロギー的な議論はないものだ。

　これに対してディスクール分析は、イデオロギー批判のように一つの議論を批判し、攻撃するという目論《もくろ》見《み》をもたない。ディスクール分析が試みるのは他者の批判であるよりも、みずからの時代の認識であり、自己認識を深めることである。だから理論的に語られたことや理念のようなものに焦点を合わせるよりも、もっと発話の根のようなところ、その発話を可能にした条件に注目する。

　たとえば狂気についてのさまざまなイデオロギーを批判するよりも、人々が何を狂気と考え、語ったかを分析しながら、狂気に対する概念としての理性（＊210ページ）について考察するわけだ。こうして狂気との関連において、権力、支配、性、主体（＊126ページ）などの概念についても分析を深めていくことができるのだ。

045

現存在（ダーザイン）

現存在《げんそんざい》という概念は、ハイデガーが『存在と時間』で提示したものだ。ハイデガーは存在について考察するためには、事物や他の人々との深い関係性のもとで世界のうちに現に生きている人間のありかたに注目すべきだと考え、人間を現（ダー）存在と呼んだのだ。この現（ダー）という語は「そこ」という空間的な意味をもつが、同時にそこで存在の意味があらわになるところでもある。

【定在】 ダーザインという語には現存在以外にも訳語がある。たとえばヘーゲルの論理学では定在《ていざい》と訳される。ぼくたちが知覚するさまざまな事物はまず「そこにある存在」（ダーザイン）としてある。たとえば庭の石はまずそこで場所を占めている定在である。しかしこの石は他の石からはたとえば御影石《みかげいし》として区別されるものであり、山のような形を好まれて庭の装飾として購入されたものでもある。たんなる定在である石はさまざまな規定のもとにあるが、論理学ではこうした規定ははぎとられて、まずそこにある存在というもっとも基本的なありかたで考えようとするのだ。

【世界内存在】 ところでハイデガーの存在論では、現存在はまず「世界内存在」として存在する。人間は、石のようにたんに定在として知覚される存在ではなく、世界のうちに身体をもって、さまざまな事物や他者と関係を結びながら生きている。人間は自分が生きる空間を世界として作りだしているのであり、ぼくたちを囲むすべてのものは、たとえば住宅や街路樹や自動車や机などのように、さまざまな目的の連関のうちで存在している。世界のうちに存在するさまざまなものをある目的をもって作りだしたのはぼくたち人間であり、人間はこうした世界なしでは生存することはできない。

　この世界との関係を考察するにはさまざまな方法がある。たとえば生態学は自然環境と人間の関係の視点から世界を考察するし、心理学はさまざまな事象に対する人間の反応という視点から考察する。近代の伝統的な哲学は人間が世界をどのように認識するかという認識論（＊160ページ）に重点をおいていた。ところが現存在の概念のユニークなところは、カント以来の主観と客観という二元論的な対立を打破しようとすることにある。世界のうちで主体（＊126ページ）として行動し、世界を認識する人間としてではなく、世界のうちに投げだされて、この世界を生きる人間の実際のありかたを考察しようとするのだ。

[気分] ハイデガーはこの現存在のありかたを主に三つの視点から考察している。最初の視点は、人間が世界のうちで生きながらどのような気分を味わうかという視点である。人間が世界のうちでどのような不安や欲望にかきたてられるかを考えるわけだ。ここでは現象（＊100ページ）学の手法が利用される。人間は世界を認識し、世界に向かって行動するが、それ以前に人間は世界のうちに生きながら、さまざまな気分を感じている。憂鬱だったり、他人の目が気になったり、倦怠感を感じたり、理由のない不安におびえていたりする。あるいは夕暮れの中でかつてない幸福感を感じていたりする。人間の行動や認識を抽象的に考察するよりも、人間が世界のうちでこのように気分によって規定されていることから考えるべきなのである。

[了解と語り] 第二に、こうした気分のもとで現存在は世界や他者とつきあい、これを了解することができる。現存在は他者や世界を了解することで、同時に自己とみずからの生についても理解できるようになる。第三に、現存在は他者との間でたがいに語りあい、理解の内容を確認することができる。ぼくたちはたがいに了解しあうためには、語らざるをえない。語りあうことでぼくたちは自分の真の姿を示していくのである。

現存在の概念は、人間と世界について考察するための重要な手掛かりとなる。とくに気分の考察は、人間の現象学的な考察とあいまって、重要な哲学的なツールとなった。精神医学の分野などでも、人間の気分や夢などを考察しながら、患者を治癒に導く現存在分析などの手法が有効であることも明らかになっている。

046

公共性

現代では公共性とは、市民が自分たちにかかわる議論を行う公的な営みという意味で使われている。ただし注意が必要なのは、日本では公共部門などという呼び方から、政府の領域が公的なものであり、市民の領域は私的なものだと考えられがちであることだ。もともとは古代ギリシアのポリスにおいて、市民が活動する領域が公的だったのであり、市民の活動を私的なものと考えるべきではないのである。

【公論】 この公共性の概念がとくに重視されるようになったのは、西洋ではフランス革命の前後である。民主主義の発展とともに市民が発言権をもつようになり、イギリスでは飲み屋（パブ）やサロンでの議論から公共の議論（公論）が形成されるようになった。フランスでも新聞などの公衆のメディアによって公論が形成されるようになり、これが市民的な公共性として政治を主導する力を発揮するようになった。議会での議論はすべての人に公開されるものであり、それまで君主が宮廷という私的な場所で行っていた政治的な決定が、公開の場での議論という公的な性格をおびるようになったのである。

【民主主義と公開性】 民主主義という政治的な体制は公開の場での討論によって市民が決定を下すシステムであり、古代ギリシアのポリスで誕生した。しかしこれが一般的な政治制度として確立されたのは、西洋の近代（＊86ページ）においてである。カントは啓蒙（＊96ページ）とは理性を公開の場で利用する行為であり、共和国では言論の自由が必須であると主張した。この言論の自由と公開性の原則は、絶対君主によるそれまでの権威主義的な統治原則を崩壊させる意味をもったのである。こうして言論の自由、公開の場での討論、市民の参政権などの民主主義の原則は、公共性と結びついて生まれたものだった。

【公共性の原則の限界】 ただし、この啓蒙の時代における公共性の原則にはいくつもの限界があった。フランス革命で人間の自由、平等、同胞愛がうたわれたにもかかわらず、参政権を認められたのは財産のある成人男性だけだった。女性や貧困者は「人間」として公共の場で政治に参加することはできなかったのである。フランスで女性が参政権を獲得したのは一九四四年になってからである。性や財産にかかわらずすべての成年の市民が平等な参政権をもてるようになるまでには、長い闘争の歴史が必要だったのである。

【批判】こうした公共性の限界はいくつかの視点から批判されるようになった。討論の場である議会は、さまざまな政党で構成されているが、国民を代表するはずの政党が、国民の意見を正しく反映しているかどうかには、大きな疑問がある。

　またさまざまな圧力団体が議会での公共的な議論に影響を及ぼしていることも明らかになっている。選挙制度そのものにもいろいろな問題があり、国民の票の価値すら平等ではないのである。そしてドイツの第三帝国で、世論を正しく反映するはずの国民投票でヒトラーが大統領と首相を兼ねる総統に就任したことは、現代の公共性のもつ大きな問題点をあらわにしたのだった。

【公私の別】さらに現代の福祉社会では、公的なものと私的なものの区別があいまいになってきた。ほんらいは私的な活動であった経済活動と市場（＊120ページ）に、国家が介入し始めたからである。公共事業の規模は巨大であり、市場や企業活動の規制も強化されている。こうして国家が市場においても、公的な事業体として行動し始めると、それまでの市民的な公共性という概念が崩れて、国家の活動が公的なものだと感じられてくる。公共性という概念にこうして奇妙なねじれが発生することになったのである。

公共性とは、民主主義の原則の一つである。政府の役人は市民に対して説明責任を果たす義務があり、市民はそれを監視していなければならない。市民は政治や経済などのさまざまな分野で、みずからのコミュニケーションのネットワークを構築して、公共性を国家から自分たちの手に取り戻すことが求められている。

047
構造（ストラクチュア）

構造という概念は、あるものをその全体性との関係で考えようとする。事物を構造において見るということは、それが全体のうちでどのように配置されているか、それが一つの事物としてどのように構築されているかを考えることだ。たとえば時計の構造とは、時計がさまざまな部品でどのように構築されているかということだ。そして時計がぼくたちの生活の中の道具の一つとして配置されている構造を考えることもできる。一つの全体としての構造と、全体のうちの一部としての構造という両面がつねにつきまとっているわけだ。

［構造言語学］ 意外なことに構造という語が注目されるようになったのは、かなり最近になってからのことだ。有名な構造主義の登場によってである。まず言語学の分野で構造という概念が重視されるようになったのは、ソシュール（一八五七〜一九一三）からだ。言語はさまざまな違いをもつ部分が作る一つのシステム（＊122ページ）として提示されたのだ。

言語におけるさまざまな語彙《ごい》は、その語の音（シニフィアン）と意味内容（シニフィエ）という二つの形で違いを作りだす。まず言語は音韻の差異のうちで作られる。蕎麦《そば》と乳母《うば》の音の違いはまったく異なる意味を生みだしている。また猫という語は、犬、ハムスター、兎《うさぎ》などのペットのカテゴリー（＊60ページ）の内部で一つの差異を形成する。そしてこれらの記号は実在する事物と直接に関係があるわけではない。狼《おおかみ》という語が生物としての狼とそのまま結びつくわけではなく、犬や狐《きつね》などとの違いを、動物の体系の内部で示せるように作られているだけなのだ。

ということは、言語の構造こそが重要なのである。犬を指すのにドッグやシャンなど、言語によって語彙がまったく異なっていても、意味の連鎖における差異の構造が同一であれば、翻訳することもできるのだ。

［構造人類学］ この構造という視点は言語だけではなく、

いわゆる原始的な社会を考察する構造人類学でも威力を発揮した。構造人類学は、さまざまな社会の婚姻関係を調べれば、その基本的な構造を示すことができることを明らかにしてきた。いまでは詳細な親族関係が記号化されていて、文化人類学者は、これから滞在しようとする社会の親族関係をあらかじめ学んでおくと、人々の関係を予測することができるくらいである。

重要なのは、多くの原始的な社会では、こうした親族関係をみずから意識していないということである。構造主義では人々に意識されていないものを明確な形で提示できる。そしてこの構造は数学的な図式で示すことができるので、科学的な考察すら可能なのである。

［神話分析］ こうした無意識的な構造の分析は、さまざまな社会の神話の分析にも適用できることが明らかになった。そしてギリシア神話とインディアンの神話に同じ構造が潜んでいることを示した。そのうえなぜ同じ構造になるのかを、さまざまな視点から考察することができるわけだ。また多くの民話には共通のパターンが存在する。こうしたパターンを構造分析することで、社会の構造そのものを解明することができるようになる。

［威力］ 構造主義の提示した構造の概念はさまざまな威力をもっていた。まず無意識的なものを提示できるというところから、さまざまな学問に精神分析の手法を適用できるようにした。またこの無意識的なものは図式的に提示することができるために、科学的な分析が導入されることになった。さらに先進的な社会と原始的な社会の間、現代の社会と古代の社会に構造的な違いがあり、それぞれの社会が独自の論理をもっていることが示されると、歴史が進歩するという思い込みがゆらぐことになった。

ただし構造主義にはいくつかの弱点もある。構造主義では無意識的なものの構造を提示するが、無意識的なものに反駁《はんばく》するのはなかなかやっかいで、そこに恣意《しい》的な解釈が入り込む余地があるからだ。また数学を使った科学的な手法がどこまで有効なのかも疑問とされるところである。

048
合理性・合理主義

合理的であるということは、道理や理性（＊210ページ）に適《かな》っているということだ。ある問題が発生したと仮定する。その問題を解決するためにはさまざまな方法を考えることができるだろう。たとえばある人に会ってあることを確かめたいとする。その場合には、自分で赴くか、こちらに来てもらう必要があるだろう。でもコックリさんに聞いてみるとか、霊媒に尋ねるという方法だってある。ただし霊媒に聞くことで、ほんとうの答えが得られたとしても、方法としてこれは合理的ではない。霊媒の語ることが正しいと確かめる方法がないからだ。

［デカルトの方法］ このように合理的であるということは、ぼくたちが理性的に考えて納得できるということだが、この合理性はどこから生まれるのだろうか。それはぼくたちのだれにも分け与えられている常識的な理性に照らして、だれもが追体験して確認することができるし、他の人の理性に訴えて、説得することができるということだ。

デカルトはこの合理性の基準を二つの道で考えている。分析と総合（＊178ページ）である。分析とは、ある事柄を「明晰かつ判明」に認識することだ。複雑な事柄を他の事柄からはっきりと区別して、それをしっかりと認識すること、そしてそれを最小の要素にまで分割して、それらの要素を残りなく列挙し、それが全体の事柄をどのように構成しているかを調べるのだ。

こうした事柄を構成している要素がすべて明らかになったら、この要素がその事柄をどのように構成しているか、鎖の環《わ》を一つ一つ繋《つな》いでいく。これが総合の方法である。このプロセスでは、総合の作業を観察しているすべての人が、これが抜けているとか、繋ぐ順番が違うとかを確認することができる。そして完全に環を繋いだ後では、だれもが確実に分析と総合が行われたことで意見が一致するだろう、とデカルトは考えたのだ。

【科学と合理主義】 この明晰で判明な方法は、科学ときわめて親和性が強い。科学的な研究は、合理主義に依拠して行われる。だれもが納得して、それを追体験できるものでないと、科学的とは認められないのだ。そしてぼくたちの生活のうちでも、この合理性という考え方は他人を説得するためには必要不可欠だ。理を尽くして語らなければ、他人の同意は得られない。

【問題点】 このように合理主義は理性に依拠するものではあるが、いくつかの問題を含んでいることには注意が必要だろう。まず人間は理性的な生き物であるだけではない。もっと別のもので動かされていることもあるのであり、その部分を切り捨ててしまうと、人間がやせ細ってしまうのだ。

また生産活動の場においても、合理化が推進されてきた。競争に勝つためにはもっとも無駄がなく、生産効率の高い方法が必要だからだ。でもこの合理化が進みすぎると逆効果になることがある。ベルトコンベアでならんで作業をすれば、自分のする一つのことに習熟すればよいので合理的だと考えられてきた。でもこうした単調な作業方法は、労働者のやる気をそぐことが明らかになってきた。労働者がある製品を最初から最後まで作る方式のほうが、達成感があり、製品に対する責任感が生まれる場合もある。こうしたやる気や達成感や責任感というものは、作業時間のように合理的に判定することができないものだ。合理的な基準で判断することができないものを考慮に入れたほうが、作業効率が高くなることもあるのだ。

この合理主義に真っ向から抗《あらが》おうという理論が流行することがある。不条理という考え方だ。神学者のアウグスティヌス（三五四～四三〇）は、神については語りえないことが多いことを指摘しながら、合理的な推論の限界を示した。神秘的なものを合理的なまなざしで捉えることができないのはたしかだろう。

またフランスの小説家のカミュが代表作の『異邦人』で、人生の合理的な目的という素朴な価値観に鋭い批判の目を向けたことも忘れられない。

049

コスモス／カオス

コスモスはギリシア語で秩序のある状態を指す。

これに対してカオスは秩序を欠いた混沌《こんとん》とした状態を指す。ギリシア神話では、まずカオスがあり、その後に現在の世界と秩序が生まれたと考えられているのである。またギリシア人は星座を観察して、星がいかに規則的に運動するかに感嘆していた。だからコスモスという語は、宇宙を指すようにもなったのである。宇宙をどのように理解するかという宇宙論が、コスモロジーと呼ばれるのはそのためだ。

【世界の美】 カオスからコスモスへというのは、ギリシアだけではなく、多くの民族の神話に見られる。ユダヤ教の天地創造は、神が無から世界を造ったことになっているが、カオスから造ったという説もある。カオスからコスモスがどのように生まれるかが、その神話の性質を決定する。そして多くの場合、聖なる力が秩序ある世界の創造に関与しているので、この世界にはほんらい秩序があり、世界は美しいものだという信念がうちに潜んでいる。

【方位】 また世界に秩序があるという考え方は、世界の軸として表現されることが多い。中国はみずからが世界の中心であり、東西南北には異民族が存在していると想定していた。王の宮廷がある都がもっとも聖なる場所であり、そこからの距離に応じて、野蛮さが強まると考えたのである。日本の奈良や京の都も、中国の都を真似《まね》ていた。東西南北に街路をつけ、中心となる場所に宮廷を置いていた。インカ帝国なども、世界の軸を想定して方位が決定されている。

【宇宙論】 西洋では伝統的に大きな世界（マクロコスモス）と対比し、人間を小さな世界（ミクロコスモス）と見なす考え方が伝えられている。人間にも宇宙と同じような秩序があり、宇宙には人間と同じような理性があると考えた。こうして人間は世界の秩序を反映し、世界は人間の秩序を反映しているとされたのである。

プラトンは宇宙を人間のように生きたものとして捉え、宇宙には知性が存在すると主張していた。ルネサンス時代にいたって、この宇宙と人間の照応関係がふたたび強調されるようになる。占星術では木星の星の下に生まれた人は、メランコリーな気質をもっていると考える。これもこうした照応関係に依拠したものだった。

[カオスの力] このように宇宙はコスモスとして秩序をそなえているが、世界は秩序だけで造られているわけではない。世界には秩序を崩すような力がつねに働いているのである。この脅かす力は、死や崩壊に向かう無意識的な欲望（＊208ページ）として機能する。フランスの哲学者のバタイユ（一八九七〜一九六二）は、人間には有機体（＊204ページ）としての秩序ある状態から、無機的な無の状態に戻りたいという欲望があることを指摘していた。コスモスが崩壊してカオスになるときに、巨大に快楽を味わうことができるのであり、性的な快楽はそれを模倣するものだというのである。エロティシズムにこうした倒錯的な要素があることは、だれにも否定できない。快楽の瞬間、ぼくたちは自分の統一を失って、小さな死を経験するような気分になる。これはぼくたちがコスモスの状態を維持しながらも、どこかでカオスを望んでいる無意識的な欲望の働きなのかもしれない。

古代ギリシアのストア派は、星の回転運動から時間は周期的に繰り返すと考えた。世界には周期的に大きな火災が起こり、既存の秩序は崩壊して、新しい世界が生まれると信じていたのである。コスモスはときに秩序を維持するための抑圧的な働きをすることがある。カオスはこの抑圧から解放されて新しいコスモスを作り直すための大切な役割を果たすかもしれないのだ。

情報工学や数学の分野で最近注目されているカオス理論は、コンピュータを使ってさまざまなカオスの生成を考察するもので、原初のわずかなゆらぎで、ぼくたちの世界がまったく違ったものとなっている可能性があることを示している。小さな分岐が世界の様相を一変させる力をもっているということは、カオスとコスモスの微妙な関係を教えてくれる。

050

コンテクスト

すべての文は、文章の流れのうちで意味が浮きあがってくる。コンテクスト（文脈）なしでは、そもそも意味を解読することができない。「あなたってばかね」と言われたとしても、それが「君のこと、好きなんだ」という告白への返事なのか、誘ったコンサートのチケットを自宅に置き忘れてきたことへの返事なのかでは、意味することがまったく違ってしまう。

【条件】コンテクストを作りだすものは何だろうか。ふだんは意識していないけれど、ぼくたちが何かを語り、表現することができるためには、それを可能にするための条件がたくさんある。まず何かを表現することを許可する制度的な条件がある。たとえば会議で発言できるためには、その会議に招待されなければならない。

　次に発言された場所と機会によって大きな違いが出てくる。「爆弾だぁ！」と叫ぶ場所と時を間違えると、ひどい結末になるのは、航空機の中でやってみなくてもわかるだろう。すべての発言はその場所と機会を慎重に配慮して行う必要があるのだし、ぼくたちは発言のコンテクストをいつも無意識のうちに了解しているのである。

【解読】また会話が成立するためには、コンテクストを共有している必要がある。さきほどの例で、恋を告白した相手に「あなたってばかね」とほほえまれても、言葉を文字どおりにとったら、その恋は成就しない。相手がどのようなコンテクストで語っているかは、ぼくたちがいつでも了解しているべきことなのだ。コンテクストが了解できないこともあるが、そのときには相手の真意を尋ねるという行為が不可欠になる。

　ただ歴史的な蓄積があまりに大きいために、この了解というものがときに困難になることがある。コンテクストのうちにあるすべての文は、その背景に長い歴史をかかえている。初めて語られる言葉など存在しない。どの言葉でもすでに無数に語られているのであり、ぼくたちはその文の背景にあるものを知らないと、理解できないことがあるのだ。「あるべきか、あらざるべきか」（To be, or not to be）というハムレットの呟《つぶや》きには、古代ギリシアやキリスト教の存在論からの連綿とした伝統がひかえている。そのことを知らずに、この言葉を聞いただけでは、ハムレットの言葉を真の意味で理解したことにはならないかもしれない。

文章を解釈するためには、その文章の背景にある長い伝統を理解する必要がある。ところが古代の人々とぼくたちでは、そしてキリスト教の社会にすむ人々と東洋の島国にすむ人々では、了解された伝統そのものが異なっていることがある。良心とか心のように自明に思える語でも、その背後に蓄積された歴史の違いを考えないと、理解できないこともあるのだ。このコンテクストの時代的・文化的な差異を考えると、たがいに理解しあうことは不可能な営みなのではないかと、ときに絶望したくなることもある。

【判断】このコミュニケーションの不可能性はすべてのテクスト（＊154ページ）を脅かしている。会話なら真意を尋ねることができるかもしれないが、相手が沈黙してしまったら理解できない。書かれた文章はときに両義的な意味をもつ。法という語には、法律という意味も、自然法則という意味もある。語そのものに両義的な意味が含まれるとき、ぼくたちはそのテクストを正しく了解しているという保証は得られなくなる。客観的なコンテクストというものは存在しないということだ。

このコンテクストの両義性を逆手にとることもできる。どの文章も、さまざまなコンテクストで解釈できる。だからどの文も、他のコンテクストにおいて語られた無数の別の文との響きあいのうちに読むことができる。そのとき文は、その背後に無数の文（テクスト）を編みこんだ織物となる。コンテクストからテクストを解読するのではなく、テクストから複数の異なるコンテクストを聞きとるのである。「あるべきか、あらざるべきか」という一語だけで、さまざまな歴史的な言葉の複数の響きがぼくたちのうちで鳴りわたる。

051

差異

差異とは「違い」ということだ。西洋の哲学はある意味では同一性の体制のうちにある。デカルトは自分が考えるということのうちに哲学のもっとも確実な根拠を見つけたが、それは「考える自分」が「存在する自分」と同一のものである、という確信に基づいていたわけだ。いまここにある自分のたしかさというアイデンティティ（＊16ページ）は、差異においてではなく、同一性において確信できる。

【差異を否定する暴力】 ぼくたちはつい同一性のうちでものを考えがちだ。みんな日本人だろうとか、男らしくとか、若者らしくとか。どこか同じところで相手とのつながりを見つけたがる。でもこの〈同じ〉であることの認識の背後には、ある種の暴力が隠れている。相手に自分と同じであることを強制し、違う者を一緒に排除しようと誘っているからだ。いじめもこうした排除の力学に従っているわけだ。

人間にはさまざまな差異があるが、同一性の体制のうちではこうした差異に目をつぶり、これを否定しようとする。とくに日本では、差異の意味よりも、ぼくと君が同じという同一性の側面のほうが重視されることが多い。だれかが何か意見を表明したとき、その見解の問題点を指摘するよりも、にこにこと笑って同意するほうが好まれるのだ。

【実体】 この差異の否定と同一性への希求は、西洋の哲学の根本にあるものだった。アリストテレスは、実体はさまざまな変化の背後にあって変動しない基底的な存在であると考えていた。つねに変わらずに同一であるもの、それだけが実体というわけだ。本質（＊190ページ）という概念にもこの差異の否定が含まれている。本質とはあるものに固有な自己同一性のことだからだ。そして変化するもの、自己同一性を維持しないものは、移ろうもの、末端的なものとしておとしめられてきたのだ。

けれどもぼくたちを魅了するのは、同じであることではなく、違うことではないだろうか。ぼくと君はたしかに同じ人間だ。しかし人間として同じだと宣言してみても、何も変わるわけじゃない。ぼくたちが同じ人間でありながら、どんなところが違うのか、たとえばどんな幼年期を送ってきたか、両親はどんな人だったか、自己史の差異こそが対話を作りだすのだ。

［対話］ ところがこの対話のうちにも、差異を否定する力が働くことがある。ぼくたちには意見の違いがあるとしよう。そのとき対話によってその違いをなくそうとすることも、できないわけではない。ぼくと君の意見の違いは、対話をすることで同じ意見に統一できるというわけだ。ただしこうした考え方の背後には、対話によってある統一的な真理に到達することができるし、そのことに努力すべきだという考え方が潜んでいる。

もちろんさまざまな見解をたがいに対峙《たいじ》させて思考の枠組みを広げることは大切なことだし、実際に合意できる事柄は多いだろう。でも、だれにでも生涯を通じて生きてきた地平のようなものが存在するのであり、その地平の差異は対話によって簡単に統合することのできるものではないかもしれない。意見の一致を求める働きかけが、ときに力をふるうことがあるのもそのためだ。

ぼくたちが対話に使う言語そのものも、差異から生まれていることを示したのが、構造言語学を確立したソシュール（一八五七〜一九一三）である。たとえば日本語の語彙《ごい》の体系は、日本人の生活において必要とされる差異の体系を示すように作られている。日本語には雪の種類を示す言葉がいくつもある。雪国で暮らす人々には、雪の質の違いがとても大きな意味をもっていたからだ。粉雪、細雪《ささめゆき》、淡雪《あわゆき》、牡《ぼ》丹雪《たんゆき》などは、なつかしく、うるわしい言葉たちだ。でも西洋の雪を示す語彙には、こうした細かな違いを示す名詞はほとんどない。語彙とはある固有の物事に対応して作られたというよりも、ぼくたちにとって重要度の高い物事の差異を示すために生まれたものだ。雪という普遍（＊174ページ）的な概念の重要性とは別に、こまやかな差異がもたらす豊饒さも忘れないようにしたい。

052

自己

自己という概念はごく自明なもののように思えるかもしれないが、これは複雑な問題を含んだものである。自己という語は〈他なる己《おのれ》〉に対比するものとして使われている。だから自己は自らの己（われそのもの）という意味であり、ここに二つの意味が含まれる。まず自己は他者（＊148ページ）ではなく、ぼく自身である。もっとも根底的なこの〈ぼく〉そのものだ。同時にこのぼくという自己は、他人にとっては一人の他者にすぎない。主体（＊126ページ）としてのぼくではなく、他者から眺められた客体としてのぼくなのだ。ここでの自己は、主体的な自我とは大きく異なるものとなる。

［親密な自己］ ぼくにとって唯一の己としての自己は、このぼくにとってもっとも大切で、親しいものだ。人間のアイデンティティ（＊16ページ）のありかは、どこかひっそりとした場所に保たれ続けるような、この自己にあると考えることができるだろう。他者が知ることがなく、ぼくだけが知っている〈核〉のようなもの、それが自己自身である。そして他者が他者であるのは、他者には固有の自己があり、ほかの人から侵すことのできない性格のものだからである。ぼくが他者の心をのぞきこむことができるとすれば、それは他者ではないし、ぼくもぼく自身ではなくなるはずだ。

［他者への顔］ しかしこの自己はときにぼくたちを「おいてゆく」ことがある。一緒に映画を見に行くと友人に約束したとしよう。数日後になって、都合が悪くなったとする。それでも友人との間で約束をした事実はなくすことができない。もちろん謝って別の日にしてもらうことはできる。でも約束したことに知らん顔はできない。だれも過去の自己を否定することはできない。人間のアイデンティティとは、かつての約束を記憶し、守ることのうちにしか確証できないからだ。かつての自己を無視する人は、だれも相手にしてくれなくなる。自己は他者に向けた顔という役割を示すものでもある。

［他者の理解像］ このように自己は、だれにとっても親密なものでありながら、他なるものとしての性格をもつものなのだ。この二重性が実はぼくたちが主体として行動するための根底的な基盤となっている。それはメルロ＝ポンティ（一九〇八～六一）が詳しく説明している幼児の言語体験からも理解できることだ。

たとえばごく小さい頃には、ぼくたちは自分のことを名前で呼んでいたはずだ。ヒロシという名前の子どもは、両親や兄弟からヒロシと呼び掛けられて、自分のことを指すためにヒロシという音を使うようになる。「ヒロシはね、これから砂場に行くんだ」というふうに。しかし言語を習得するプロセスにおいて、〈ぼく〉とか〈わたし〉という言葉を学ぶようになる。ぼくという語は主体が自己のことを指すために使う言葉だ。しかしこの言葉には大きな逆説（＊78ページ）がある。砂場で遊ぶ隣のサトル君もまた自分のことを指すのに、〈ぼく〉と言うからだ。サトル君にとっての〈ぼく〉と、ヒロシであるぼくにとっての〈ぼく〉は、同じ言葉なのにまったく別の主体を意味する。サトル君にとっての〈ぼく〉が、サトル君の自己のことであり、ヒロシにとっての〈ぼく〉がヒロシの自己であることを理解するということは、自分の自己を他者のまなざしで眺めるという高度な営みを必要とするのだ。ぼくにとっての自己が他者にとっては他なる己であることが理解できたとき、子どもは言語というもの、他者というもの、自己というものを初めて理解するわけだ。

自己を知るということは、哲学の歴史においても長い伝統がある。ソクラテスは「汝みずからを知れ」というアポロン神殿に掲げられていた警句を対話のモットーとした。当時の人々が（そしていまでも同じように）、自分にとってもっとも重要なものであるはずの魂のありかたに配慮せずに、自分の名声や富や身体の健康ばかりを気遣っていたからだ。ソクラテスのこの警句が示したように、自己とはすでにあるものというよりも、みずからに配慮しながら、つねに新たに実現されていくものだと言うべきだろう。

053

市場

この項で考える市場《しじょう》は、街でたつ市場《いちば》のことではなく、もっと抽象的なものだ。財やサービスの価格が決定され、交換される場所が市場なのである。資本主義の社会では、すべてのものが市場を通じて取引される。食料などだけではなく、ぼくたちの労働力も市場を通じて価値が決定される。二酸化炭素のようなものまで、取引する市場が成立しているのだ。

【市場の覇権】ある共同体が他の共同体と接触するところで、交換が始まり、市場が成立する。この市場は古代から存在していた。ただし現代にいたるまでは、人々の間の取引は市場での貨幣（＊62ページ）による売買だけでなく、交換や贈与（＊142ページ）や配給などの方法でも行われてきた。しかし現代のグローバリゼーション（＊90ページ）の時代にあっては、地球全体を市場が支配している。だれもが市場の力学を逃れることができなくなったのである。

【神の手】近代資本主義の創成期においては、市場での交換というシステムは、国家などが介入しなければ、ごく円滑に作動し、人々に最善の結果をもたらすものと考えられていた。売買は基本的に、双方にとって利益のあるものでなければ行われないはずである。売り手は売ることで利益を獲得し、買い手は買うことで自分に必要なものを入手する。近代の経済学の祖とも言えるアダム・スミス（一七二三〜九〇）は、市場においては「神の見えざる手」が働いていて、自由な交換こそが社会の全体に最善の利益をもたらすと考えたのだ。

【市場の失敗】しかし市場は全能ではない。まず労働力や土地のようなものは、ほんらいの意味では交換できる性質のものではないために、市場での取引にはそぐわないものだった。人間の働きや大地は、なくなったら新たに作りだせる工業製品のようなものではない。二〇〇四年のスマトラ沖地震がまざまざと示したように、大地震や津波のような災害は、市場の力の及ばない猛威をふるう。

そこに市場原理を適用しようとすれば、被災者などの貨幣をもたない人々はただ苦しむだけである。国家は、市場の外部から干渉して、市場のメカニズムだけが機能することのないようにするつとめを負うのだ。環境保護、最低の生活保障、疾病《しっぺい》や災害からの保護など、国家のなすべき事柄は多い。

［市場と国家の境界］ しかし現代においては、この市場と国家の境界があいまいになりつつある。市場の経済という資本のかかわる私的な領域と、国民全体にかかわる公的な領域がたがいに浸透し始めているのだ。あるときには国家が市場を拡大するために、他の国に戦争をしかけることもある。中東の石油市場を目指した戦いの歴史がそのことを物語っている。現代では国家は政治的な領域だけに力を集中するわけではない。

　反対に私的な企業が公的な領域に侵入してくる傾向も見られる。刑務所や警察での監視や警備を民間企業が担当する例が多くなっている。市場の原理が国家の中枢で働き始めているのだ。官僚機構につきもののさまざまな問題点を市場原理で解決しようとすると、どのようなことになるだろう。私的な領域には公的な管理が及ばないし、政治的な説明責任も求められない。その帰結をぼくたちはまだよく理解していないのだ。

資本主義はこれまで、国内市場の外部にある植民地などに販路や原料の入手場所を確保することで、拡張を続けてきた。しかしいまでは、こうした外部は存在しなくなっている。そこで資本主義が試みているのは、すでに存在する市場をさらに深めることである。

　市場原理はたんに人々の欲望（＊208ページ）に応じた商品を提供するだけでなく、新しい欲望を作りだすことで、新たな市場を創設しようとする。たとえばいまや健康産業は巨大な規模になっている。マシンとプールを装備したジムが、健康でありたいという人々のごく自然な欲望を巨大な資源として増え続けている。エステ産業は美しくなりたいという女性の欲望をひたすらかき立てることで、巨大な富を作りだす。新しい欲望は新しい富につながるというわけだ。

054

システム

システムは体系と訳されることもある。システムとは、さまざまな要素がまとまってある統一的な全体性を構成することだ。生命をもって自立して存在しているものは、一つのシステムとして存在している。さらに社会のようなメカニズムも、一つのシステムと見なすことができる。その視点をどこにおくかで、システムの地位が変わってくるので注意が必要だ。

[自己組織的なシステム] ドングリを庭に植えたとしよう。やがて小さな芽を出し、すぐに生長して小さな木の風格をもち始める。冬には葉を落としながらまた大きくなって、立派な樹木に育っていくだろう。猫の卵子は最初は小さな細胞にすぎないが、その細胞が分裂を繰り返しながら、目や耳や脚になる器官が作られてくる。やがて子猫として生まれたときには、すべての器官がそろった一つのシステムとして完成されている。

ぼくたちはその過程を見ながら、生命というものの神秘的な力に思いをはせる。猫がじゃれているのを見ても、生まれてから食事と新陳代謝を重ねながらここまで成長したメカニズムの不思議さに感動する。ポケットにいくつも入る小さな種に、掌にのるほどでまだ目も開かぬ小さな命に、ある仕掛けのようなものがそなわっていて、こうして立派な樹木となり、猫として成長する。それは自己組織的なシステムと呼ばれる。

[動的平衡システム] すべての生物は、外部の環境から栄養を受けとり、排泄物《はいせつぶつ》を外部に放出することで、体内で一定の状態を維持している。これはホメオスタシスというメカニズムである。このシステムに異常が発生すると、その生物は病気となるのであり、やがて死にいたることになる。

また地球というシステムは、太陽から熱を受けとりながら、そのエネルギーの一部をふたたび外部の宇宙に発散することで自然環境を維持している。しかし地球でのエネルギーの消費が多すぎると、永遠に続くと思われたこのシステムにゆらぎが発生する。地球を囲む空気の膜に破れが発生したり、エネルギーを十分に放出できずに、地球の大気の温度が上昇したりするのだ。自律的なメカニズムが破綻することも起こりうるのである。

　これらはどれも環境との間で、動的なバランスを維持しているシステムである。こうした動的な平衡にあるシステムを考察するのが一般システム論と呼ばれる理論だ。

［社会システム］この二つのシステムの見方は、ある全体性をそなえたものを外部から観察するという特徴がある。あるシステムがどのように自然に成長してくるか、外部の環境との関係のもとで自律性を維持するかを調べているからだ。でもシステムの内部から考えることもできる。

　その一つがルーマン（一九二七〜）が考えた社会システム論だ。ルーマンは社会にどのようにして秩序が生まれるかを考える。そして社会が内部にある複雑さを減らすことによって、自律的に秩序を作りだすことに注目するのだ。たとえば電車に乗るとする。するとぼくたちは人々がどのようにふるまうかを予測する。突然歌をうたいだす人がいるとしても、それは例外的なものだ。一般に社会のなかでの行動として人々に期待されているものがあり、ぼくたちはそれを前提として行動することができる。あらゆるふるまいが可能だとすると、ぼくたちは行動することができなくなるだろう。こうした期待は法律などによって定められたものではなく、社会の内部から自然に生まれてくるものであり、秩序には自生的な要素が多いのである。

ところで世界を一つのシステムとして理解することもできる。古代においてはさまざまな帝国が分立していた。中世においても、アラブの帝国と中国の帝国とキリスト教の帝国が世界の多くの土地を分かちもっていた。現代でも冷戦が終わるまでは世界は大きなブロックに分割されていた。しかしいまやグローバリゼーション（＊90ページ）とともに、世界は一つの巨大なシステムとなる。現代の地球は、緊密な関係で結ばれたシステムを構成しているのだ。

055

実存

実存するということは、人間が主体（＊126ページ）的な形で現実（＊98ページ）に存在することを意味する。さまざまな事物と生物も現実に存在するという意味では実存するわけだが、人間とは違うありかたをすると考えられてきた。プラトンは、イデアという真なる実在が個別の事物に分有されることで、さまざまな事物は存在すると考える。アリストテレスやキリスト教の神学では、事物の本質（＊190ページ）が潜在的にすでに存在していて、これが（たとえば神の力で）現実の存在になると考える。いずれにしても、まず本質的なものが潜在的な形であって、それが具体的なものとなることで事物は存在するようになるというのだ。しかし人間には、その本質と実存に違いがある。人間は本質が具体的なものとなるような形で生を受けるのではない。現実の世界のうちで、みずからの生き方を単独で選択し、決定するという特異なありかたをするのである。そのために実存というありかたは人間だけのものだとされてきたのだ。

[基礎存在論] 存在論という観点から人間の実存を問うのがハイデガーである。ハイデガーは、人間が実存することは、事実としてあるのではなく、人間が選びとる生き方だと考えた。ぼくたちは日常の生活において、人々と雑談にふけり、映画を観賞し、テレビゲームに没頭する。いわば自分のもつ真の可能性を実現する実存の営みを忘却しているわけだ。しかしぼくたちはあるとき理由のない不安にかられることがある。世界のうちで楽しく暮らしているうちに、本来の自分のありかたを忘却しているのではないかという思いがたちこめるのだ。ハイデガーはぼくたちが不安の力に動かされて、自分に固有で唯一のものである死の可能性に直面し、みずからの実存を選びとるようになると考えるのである。

[実存主義] このハイデガーの実存の概念に刺激を受けて、人間の本質と実存のありかたを考えたのが、フランスの実存哲学の代表とも言えるサルトル（一九〇五〜八

〇）だ。サルトルは「実存は本質に先立つ」と主張した。ぼくたちはどのように実存するかを選択することで、人間という生き物の本質を示すのである。その意味で本質よりもまず実存が先にあり、人間は日々の生で選択することで、その実存的なありかたを輝かせるということになる。

[アンガージュマン] サルトルはこのような実存の概念に依拠しながら、人間が実存するとは、人間がつねに社会のうちでさまざまな選択をすることを迫られているということだ、と主張した。このありかたをアンガージュマンという。人間は社会のうちに投げ込まれた存在であるが、それだけにみずからの自由な選択によって、社会のさまざまな問題に対して態度を表明する責任（＊140ジペー）があると考えるものだ。

[人間学] このように人間に特権的な地位を与える哲学は「人間学」と呼ばれることが多い。たしかに人間は動物学的に見ても特異な存在であり、哲学的に見ても存在とは何かという問いを問うことのできる唯一の存在である。実存するのは人間だけではある。ただ動物の一種である人間が、他の動物とは異なる存在であることをとくに価値があるかのように考えるのは、人間を神の似姿として、他のあらゆる動物から優位においた西洋のキリスト教と形而上（＊94ジペー）学の伝統を無意識のうちにひき継ぐものであることを忘れてはならないだろう。ハイデガーはまた、実存と本質を別のものとして、実存が本質の「先」にあると主張するのは、本質が実存の先にあるという形而上学の裏返しにすぎないと批判している。

■ サルトルが語るように、ぼくたちが自分の真の生き方を選択することで実存的なありかたを示すのは大切なことだ。自分の生き方に配慮し、社会的な責任を負うのは、たしかにぼくたちにとっての重要なつとめなのだ。ただし実存の概念では、他者の実存は他者にとっての問題にすぎず、ぼくの実存にとってそれほど重要な意味をもたないことになってしまう。実存の思想には、主体としての自我を至高のものとする要素があることも忘れてはならない。

056

主体／客体

主体（サブジェクト）と客体（オブジェクト）という概念は、西洋の哲学だけでなく、ぼくたちの思考の根本にあるものだ。ぼくたちは事物に働きかける主体として生きていると同時に、さまざまな影響を受ける客体としても生きている。映画を観るために都心に出かけるぼくは、行動する主体としてのぼくだが、電車に乗って運ばれるぼくは、鉄道会社から見れば乗客という客体である。電車も映画館があるビルも、窓から見える自然の風景も、主体としてのぼくにとっては客体として存在している。隣の乗客もぼくが倒れかけて押すときは客体だし、相手が倒れてぼくを押すときは、ぼくは客体の位置におかれる。

【主体・主観・主語】この主体と客体の二元論（＊30ジペー）は、西洋の哲学のもっとも基本的な切り口と言えるだろう。デカルトは思考する主体としての〈われ〉を哲学の土台に据えたのだった。ここで主体と客体という概念は、西洋の用語ではさらに二つの意味をもっていることに注意が必要だろう。まず人間が何かを認識するとき、認識する主体は「主観」というありかたをする。そして認識され、思考されるものは「客観」となる。またこの一組の概念は文法の用語としては、「主語」と「述語」を示すために使われる。文の能動的な主体は主語と呼ばれ、主語が働きかける対象が述語という名で呼ばれる。

アリストテレス以来、主語の場所に立つものが「実体」と呼ばれ、述語の場所に立つものは「実体の属性」と呼ばれた。「ソクラテスは老人である」と言うとき、主語の位置に立つ「ソクラテス」が実体であり、「老人である」はソクラテスの属性である。主体・主観・主語の位置に立つのは、人間のような実体であり、認識する能動的な主観であり、自然や事物に働きかける行動する主体であることが多いのだ。

【主体と自律】ぼくたちは主体として行動することを期待

されている。また、主体的という語は、個人が意欲をもって判断し、行動するという肯定的な意味を含む。「主体性をもて」と言われるのは、その人に自立した判断と行動が欠けていると思われているときだ。しかし果たしてどこまで主体というありかたをしているかを問うてみるべきだろう。

　もちろんぼくたちはみずからの思想と判断で行動するという意味では主体であるが、人間がそれほど自由で主体的に行動できるかどうかは、疑問なのである。たとえば家族や友人や仲間にさまざまな責務を負っている。家族との約束は守らなければならないし、責務は果たさなければならない。それは他者（＊148ページ）から期待されたふるまいをすることであり、ほんとうにぼくが主体として希望した事柄なのかどうか、それほど確実ではない。現代の社会においてぼくたちがふるまうべき規範（＊76ページ）というものがあり、その規範に従うように身体と精神は作りあげられているのである。暗黙の規範を含めて無数の規範があり、人間とは規範に従う動物だと言ってもいいくらいだろう。自分では自律的な主体だと思い込んでいても、それは作られた自律（＊132ページ）であり、真の意味での主体性ではないかもしれないのだ。

　またぼくたちが自由な主体であると考えていても、実は無意識（＊194ページ）的な欲望（＊208ページ）に動かされていることを示したのは、フロイト（一八五六～一九三九）の功績である。それだけではない。道徳というものも、父親などの権威あるものを内面化したものであるという指摘がある。主体的で自律的に行動していると考えているその核心のところに、意のままにならない他者の痕跡《こんせき》が残されていることを考えてみるべきだろう。

主観的および客観的という形容詞になると、含意がかなり違ってくるので注意したい。主観的ということは、個人的なかたよりがあるという含みで使われるし、客観的というのは、その個人ではなく多くの他者から見た場合という意味になる。主観的なものはたとえば文芸の領域に属するものであり、客観的なものは科学の領域に属することになる。

057

象徴（シンボル）

象徴とは、ぼくたちが感覚で知覚することのできない抽象的なものを、アナロジー（＊22ページ）の力によって現実に知覚できるもので代表させることだ。鳩《はと》は平和の象徴であり、王冠は王の権力の象徴である。ただし象徴は記号（＊74ページ）とは異なる。地図のお寺のマークはそこに寺があることを示す記号にすぎない。ところが鳩が平和の象徴として使われるとき、ぼくたちはそのことを直感的に理解しながら、平和の理念に思いをはせる。一本の十字架は、たんに教会のありかを示すだけでなく、イエスの生涯とその後二千年間のキリスト教の歴史について考えさせるのだ。

【自然の象徴】自然は象徴に満ちている。たとえば太平洋の小島の人々は、鳥や猪《いのしし》を自分の部族の象徴にして、それを示す木の柱トーテムポールを家の前に門柱のように立てた。キリスト教の神学者は一本のバラの花に、神の業《わざ》を見いだした。また、太陽や月の光に物質を黄金や銀に変える力があると信じた錬金術師たちは、太陽を金の象徴としていた。人間は自然のさまざまな事物を象徴として使いながら、自然を思考のモデルとしてきたのだ。

西洋の中世の世界では、世界（マクロコスモス）と人間（ミクロコスモス）の間に照応関係があると考えられて、世界を象徴で解読しようとした。神が自然の事物を使って暗号を書き記しているのであり、人間はそれを解読することで、世界を理解することができると考えた。人間は太古の時代から、神話、宗教、文化などのさまざまな分野で象徴を作りだし、その象徴の力によって交流してきた。

詩の言語の多くは、言葉のもつ象徴的な力を巧みに利用する。詩人たちは言語を使って、ごくふつうの事物や事柄から、豊かな想像力によってぼくたちをあっと言わせるような象徴的な意味を作りだしてくれる。ときには、世界の見え方が変わってくるような詩作品もあるくらいだ。詩には伝統的なシンボルを破壊して、新しいシンボルを作りだしたり、忘れられていたシンボルをよみがえらせたりする力がある。

【象徴と社会】 象徴は社会を組織する力を発揮することもある。オセアニアや北アメリカでは、部族の象徴として熊や狼《おおかみ》などのシンボルをトーテムとして採用する社会がある。同じトーテムの内部では通婚することは禁じられているから、トーテムという象徴は、社会組織の原理として機能するのである。そして熊をトーテムとする部族は熊を食べず、熊という象徴を柱に刻んだトーテムポールを作り、そこで祭りを祝うこともある。

　また右と左という二元論（＊30㌻）的な対立に象徴的な価値を与える社会も多い。右は正義や強さや善を象徴し、左は不正や弱さや悪を象徴するとされるのだ。日本でも左を忌む風習と、反対に左を聖なるものとする風習とが、ともにまだ残っている。

　象徴はこのように人々の思考を左右するほどの力を発揮することがあるために、政治的に利用されることもある。シンボルが国家の統合や支配の正統性を確保するために利用されることも少なくないのだ。開拓時代のアメリカで銃や国旗がもった意味についても、ぼくたちは映画や小説で熟知している。軍のパレードは国威を高揚させるためのシンボルだし、マスゲームが国威の象徴として使われている国もあることはよく知られているだろう。

　またキリスト教のミサでは、ワインとパンがイエス・キリストの血と肉を示すシンボルとして利用されている。そしてキリスト教を土台とする西洋の多くの国において、宗教的なシンボルは、政治的な支配の正統性を支える役割も果たしているのである。

　それだけに、こうした象徴がぼくたちを拘束する力をもつことにも注意が必要だろう。平和を象徴する鳩やキリスト教の十字架の象徴は無垢《むく》なものではない。そして学校での君が代斉唱のように、国歌や日の丸などの象徴は、ぼくたちにこの象徴が代表するものに服従するように、無言の圧力をかけてくるのである。

058

情報

情報というと堅くて抽象的でデジタル（＊156ページ）なイメージがあるかもしれないが、実は人間的なものである。情報というのは知らせのことだが、それを受けとった者にとって意味があり、それに基づいてなんらかの行動が求められる知らせなのだ。北極星や小熊座のような星は、夜空を眺める者にとっては美しい星の一つにすぎないが、かつては航海する者にとって重要な情報を提供してくれた。吹く風も夕焼け空も、かつてはかけがえのない情報だったのである。

［発信者と受信者］ 情報には発信する者と受信する者が必要だ。情報はあらゆる者が発信することができる。ぼくたちを取り巻く環境（＊66ページ）そのものも、さまざまな情報を提供している。たとえば山登りをするときを考えてみよう。この岩は登ることができるか、どこに手をかけどこに足を置けばよいか、岩がぼくたちに問わずがたりに情報を伝えてくれる。これは情報科学の分野ではアフォーダンスと呼ばれている。犬であれば、その岩からもっと別の情報を取りだすに違いない。気持ちのよい場所か、ひょっとすると熊が出てくるような場所か、自然環境そのものが多数の情報を知らせてくれる。

ところが受信する側は、生物であることが多い。情報が情報としての意味をもつためには、受信した側がこれを情報として認識し、その意味を解釈し、それに基づいて行動することが必要だからだ。鳥の群れは警戒を要する生物が近づくと鳴き声などで情報を発信する。鳥たちはその情報に従って行動しないと、生命を失いかねない。スマトラ沖地震がまざまざと教えたように、地震が起きたという情報が伝えられても、それは津波をもたらす危険があるという認識がないと、高い場所に避難するという行動につながらない。その危険性の認識がない人々には、地震情報はほとんど価値のないたんなる知らせにすぎないのだ。

ければならない。そうでなければ、ほんらいは情報とは呼ばれない。しかし現代は情報が過剰に発信されている時代である。テレビやインターネットにおいては、さまざまなニュースが報道され、さまざまな見解が表明されている。インターネットの検索サイトでキーワード検索をすると、無数の情報がヒットしてくる。かつては検索サイトは情報のヒット数の多さを誇ったものだったが、あまりに過剰な情報は、情報としての意味を失ってしまう。一万件の検索情報の大多数は検索者にとっては使いようのないものであり、意味のないものだ。そしてほんとうに探している情報は、この意味のないデータの集積のうちに隠れてしまう。

いまでは検索サイトも、ヒットの多さではなく、関連性と該当性の高さを重視するようになった。そして検索する側にとっても、キーワードを工夫するなどの方法で、情報を絞りこむ智恵が求められている。自分に関連のある情報を探すコツが求められるようになったのだ。過剰な情報が情報としての価値を殺してしまうというのは、現代の皮肉な状況である。

［過剰な情報］情報は受信する側にとって有用なものでな

▦ 現代は情報社会と呼ばれる。メディア（＊198ページ）が中心的な役割を果たす社会なのだ。しかもメディアはたんに情報を発信するだけでなく、マルチメディアとして発信も受信もできる双方向の媒体に発展してきた。出会い系のサイトや仲間探しのサイトなどは、場所を用意するだけで、あとはユーザーが情報を提供し、みずから行動するのである。

こうした情報社会においては、公的なものと私的なものの伝統的な区別があいまいなものになり、私的な情報が本人も知らない間に収集され、巨大なデータベースのうちに収容されるようになる。こうした個人情報の保護なども重要な課題だ。経済、教育、文化などのさまざまな分野で、激震ともいうべき変動が生じている。この社会にはこれまでの常識では判断できない新しい事態が発生しているのであり、ぼくたちは未踏の荒野を歩む思いで進んでゆかざるをえない。

059

自律

自律するということは、カント以来哲学の重要な課題となった。自律（アウトノミア）とは、みずから（アウトス）に適用される法（ノモス）をみずから作成して、これに従うことである。習慣、風俗、法律などの外部の規範（＊76ページ）に疑いもなくやみくもに従うのではなく、みずから掟を定め、その掟に従う主体（＊126ページ）であることを目指すのである。カントは人間が家庭では父親に従い、宗教の問題では教会に従い、政治的な領域では支配者に従うようなありかたをやめることが、実践的な理性（＊210ページ）の重要な目標であると考えたのだ。

【自律と自由】カントの自律の理念は美しい。しかしぼくたちには完全な自律が可能なのかどうか、ということを考えてみたほうがいいだろう。そこには三つの罠《わな》があるからだ。まず最初の罠は、自律が理想として追求されることで、忘れられてしまう問題があるということだ。自律することは自由となることだが、自由であることそのものは、なんら価値のないことである。もしそうなら、空を飛ぶ鳥だって自律して生きていることになるのではないか。ぼくたちにとっては、自律的な決定を下す主体であることが大切なのかどうかは、それほど明らかではないのである。

【自己目的】第二の罠は、自律することが自己目的となるとき、そこにある幻覚が生じるということだ。自律的な存在として決定するのは精神の営みである。自律的であることを求め、そしてそのありかたを実現するのはぼくたちの理性なのだ。そしてこの決定する理性は、自律的な決定に従わないものを律し、支配しようとする。

　この支配する理性がまなざしを向けるのは、ぼくたちの身体である。身体が柔軟に理性に従い、よこしまな欲望をもたなくなることは、自律の重要な実現である。しかしぼくたちの身体が理性に完全に支配されるとき、ほんとうに幸福がおとずれるのだろうか。父親、宗教的な指導者、政治家という他者（＊148ページ）に支配される代わりに、そのまなざしを自分の内部に植えつけて、自分で自分を支配しているだけではないのだろうか。理性が他者による他律的な支配を代行しているだけではないのだろうか。

【他者】第三の罠は、自律する主体は理性のまなざしを自己（＊118ページ）に向けざるをえず、他者へのまなざしを必要としない独話的な主体となることだ。そしてぼくたちがともにある存在であることを忘れさせる。あるいは自律的でない他者を批判し、他者の自律を促そうとする。そこには自己に対する冷徹なまなざしとともに、他者に対する冷たいまなざしが生まれかねない。

自律と関連して、自己決定と自己責任の問題を考えておこう。自己決定という概念は、その決定をみずから下すべき主体にこそ、決定の権利を認めようということだ。これまでは学校や病院でも、学生や患者のためによかれという判断のもとで、教師や医者など権威のある人物が決定を下すことが多かった。しかしそのよかれという判断が、決定の影響を受ける人物にとって望ましいものであるかどうかは、それほど自明なものではない。できる限りその決定の受け手の自由で自律した判断にまかせることが、もっとも好ましい結果を生むのではないかと考えられはじめたのだ。

もちろんそれが望ましくない結果を生むこともあるかもしれない。その場合には、決定者は自己責任を負うことになるだろう。学生の総意で制服の廃止を決定し、学校側がそれを受け入れた場合に、さまざまな問題が発生するかもしれない。しかしその責任（＊140ページ）は妥当な範囲内で決定を下した学生たちが負うことになる。決定には責任がつきものだからだ。しかし学生たちはこの決定に責任を負うことによって、決定について、制服のような制度（＊138ページ）について、おそらく多くのことを学ぶことができるだろう。患者に対して自由な決定の権利を認めることは、患者を自律した主体として認めるということであり、そのことが治療の面でも思わぬ成果をもたらすかもしれないのだ。

090

身体

身体とはもちろんぼくたちのからだのことだ。ただ西洋の伝統ではこの身体は精神や心と対比されることが多い。そして身体というものには、人間における動物的な要素として、高貴な精神よりも劣るもの、精神の自由な働きを妨げるものというイメージがつきまとう。

［心身二元論］ 精神や魂と、身体との二元論（＊30ページ）的な対立は、古代ギリシアの時代から西洋の思考方法を貫く重要な糸となっている。すでにプラトンは、哲学という営みは、この身体という牢獄《ろうごく》から魂を解き放つことを目的とすると考えていたほどだ。このため二元論的な思考方法においては、精神と身体の対立が基本的な意味をもつことになる。デカルトは世界は「思考する実体」と「延長する実体」で構成されていると考えていた。「思考する実体」とは考える人間の精神のことだ。そして身体は「延長する実体」として、思考する精神とは共通性のないものだと考えたのだ。医学もまた、デカルトのこの思考方法に従って、ぼくたちの身体と精神が分離できることを前提としている。

［身体という理性］ しかし身体はこのように精神よりも劣ったもの、魂を閉じ込めている牢獄のようなもの、人間における動物性の象徴（＊128ページ）のようなものにすぎないのだろうか。これを正面から否定して、心身の二元論を批判したのがニーチェである。

　ニーチェは、西洋の合理的な思考はすべてのものを有用性という視点から考察しようとするが、人間の生は有用性だけに従うものではないことを指摘する。人間はこの身体のうちで、有用性とは異なる基準のもとで、みずからの欲望のうちで一回限りの生を生きている。身体は有用性や効率などとは別のところで重要な判断を下す「大いなる理性」として生きられているのである。

［間身体性］ ぼくたちは身体において他者（＊148ページ）と隔てられている。ぼくたちが他者の心を直接に知ることができないのは、身体が異なるからだ。ぼくたちはたがい

に主体（＊126ページ）として他者を認識し、認識するぼくにとって他者は客体として現れる。異なる身体をもつ主体どうしは、他者を客体としてしか認識することができない。それではぼくたちにとって、他者はつねに認識を超えたところにあるものだろうか。

でもぼくたちは身体をもって世界のうちに生きているからこそ、他者を理解することができるのだ。たとえばつるべ落としに沈んでゆく夕日の光景を眺める二人なら、相手の感動を理解することができる。コンピュータのようなマシンは、他者を理解する必要をそもそも感じない。しかし身体をもつ人間は、同じ世界のうちで生きる者として、相手の気持ちを理解できるし、自分の感情を伝達することもできる。

このことをメルロ＝ポンティ（一九〇八〜六一）は、「間身体性《かんしんたいせい》」という言葉で表現した。ぼくたちは子どもの頃からの成長の過程において、他者の身体の行動を模倣（＊200ページ）することを学ぶ。ぼくの身体は、他者の身体の行動によって直接に影響され、好意を感じ、あるいは脅かされる。相手が怒っているのか、恐れを感じているのか、嘲笑《ちょうしょう》しているのか、言葉では理解できない場合でも、身体の表現は雄弁に語ってしまう。身体はたがいに響きあうことで、沈黙のうちにコミュニケートしているのである。ぼくたちの社会性というものも、言葉で表現される以前のこの身体的な交流に根づいている。身体はぼくたちの自然の存在であるとともに、他者を模倣し、他者に自分の感情を伝え、他者と交流する社会的な存在でもあるのだ。

身体がぼくたちの理性（＊210ページ）を超える力をもっていることを、身体の社会的な機能という側面から鋭く考察しているのが、フーコー（一九二六〜八四）である。フーコーは資本主義の社会には、近代以前の社会とは異なる身体的な規律が必要とされていることを指摘する。資本主義の社会では、学校でも工場でも軍隊でも、定められた時間を守って、団体で行動する主体が必要となる。そのための規律に従う「従順な身体」が近代の社会では好まれてきたというのである。

061

正常と異常

正常（ノーマル）ということは、規範（ノーム）（＊76ページ）に適《かな》っているということだ。ただし何が正常であり、何が正常でないかを決めるのは、思ったほどたやすいことではない。異常のカテゴリーが社会と時代によって変動することがあるからだ。かつてはオナニーや同性愛も性的な倒錯であり、異常であるとされたものだった。いまではこれを治療の必要な病と考える人はほとんどいないだろう。では正常であることをどうやって決めるのか。

[統計処理] いちばん「科学的」なのは、問題となる事柄に関して統計をとって、釣り鐘型の曲線を描いてみることだ。そしてその分布が極端に少ない両端の部分を異常と呼び、分布の多い部分を正常と呼ぶことだ。これはフランスの社会学者のデュルケーム（一八五八〜一九一七）が採用した方法で、個人の主観的な判断が入らないために、客観的な基準のように見える。同性愛者はたんに異性愛者よりも数が少ないから異常と判定されるだけだ、ということになる。

[異常の威力] この方法は異常と判断された人々に対する偏見を取りのぞくには役立つかもしれないが、人々があるものをなぜ異常と考えるのかという問題は手つかずに残ってしまう。それに社会の中で異常と判断されるということは、社会で正常であることで得られない力をもつことであるかもしれないのである。かつてはイタコや呪術師など、シャーマンとなる人々がいた。自分の生まれた社会にとけこんで生きることができず、やがて神秘的な力と交信する能力をもっていると判断された人々である。異常であることで、正常の人々にはない予見能力や治療能力、神や死者と交信する能力をそなえていると見なされたわけだ。このとき異常であることは、一つの重要な威力となる。

[異常の役割] また科学の分野では、異常であることが「正常」とは何かを判断する手掛かりとなることがよく

ある。現代の言語学は失語症に取り組むことで科学的な考察を深めたし、精神医学は狂気の研究から生まれた。経済学は不況という異常な事態を考察することにおいて発展してきた。異常には、学問を進める力が、それまで確認されていなかった法則を発見する力があるわけだ。黒死病やコレラなどの疾病《しっぺい》は、病原菌を発見するために役立ち、遺伝病は遺伝子を発見するために役立ったのだ。近代の科学の多くは、このように異常な事態の裏返しとして正常を定義してきた。正常であるとは、異常でないことだとされたのである。

【パラダイム】正常と異常を決定するのは、その時代において正統とされた思考の枠組み、すなわちパラダイム（＊164ページ）であり、その思考の枠組みに入らないものが異常とされる。異常なものは、その枠組みにとっては「考えることのできないもの」であり、盲点でもある。アインシュタイン以前の科学者にとっては光が曲がることなど考えようもなかったので、明らかに光が曲がっているという事態は異常として認識されることなく、もっと別の簡便な方法で処理されたのだった。たとえば計器の故障に違いないとか、測定者のミスだとかいう具合にである。しかしこの異常な現象を考慮に入れることのできる相対性理論が登場すると、その現象は異常なものではなく、まったく正常なものであることが認識されるようになる。異常な現象がほんとうに異常であることが理解されるようになるのは、既存の科学的なパラダイムが不十分だと認識されてからのことである。こうして異常はほんとうは正常な事態であることを示せるようになるのだ。

異常なものが社会や時代に応じて異なるのはたしかだ。かつて異常とされていたことも、やがて異常ではなくなることがある。それでもこれは文化ごとに異なるものにすぎないと片づけてしまうべきではない。異常はぼくたちにとっては恐れるべきものであると同時に、魅惑する力をもつものでもある。文学も科学も、異常な現象と取り組むことで、創造的な力を発揮してきたことを忘れないようにしよう。

062

制度

制度というと、堅苦しい感じがする。ぼくたちは教育制度の面倒な決まりにはうんざりしているからだ。でも制度を、人々を拘束したり、しめつけたり、強制したりするだけのものと考えるべきではない。制度はぼくたちの行動や思考をもっと深いところで支え、作りだすものでもある。議会や警察などの政治・司法制度だけでなく、ある共同体（＊82ページ）のうちで人々の行動を律する規範（＊76ページ）の全体が制度と呼ばれるからだ。

【行動の枠組み】 この規範は、一つの共同体のうちで起こりうることと、ほぼ起こりえないことの枠組みを決める。ぼくたちは朝起きたら家族に挨拶《あいさつ》するし、友人に出会っても挨拶する。電車に乗っていて他人の足を踏んだらあやまる。こうした日常的な行為はある相互的な了解と予期の構造に支えられている。これも大きな意味で制度なのだ。それぞれの社会に、人々がごく自然と考える行動様式があり、それに従うことで、ぼくたちは余計な摩擦を引き起こさずに、円滑に暮らすことができる。こうした行動の枠組みとしての制度があるからこそ、ぼくたちは行動することができる。そして反対にこうした制度ができるのは、日常の世界でのぼくたちの自然な行動を背景にしているからでもある。

【制裁】 このように制度は自然にぼくたちの行動を支えるものであるが、制度に従わない者には何らかの制裁が加えられる。学校にある暗黙的な制度に反抗すると、いじめにあうかもしれない。制度はぼくたちの行動を円滑にしてくれるぶんだけ、それに逆らう者には排除の攻撃を加えようとするのだ。

【暗黙知】 ぼくたちがふつうに話す言葉の文法も、人々が共通に所有している制度と考えることができる。だれかが間違った語の使い方をすると、すぐにそれに気づく。ところがぼくたちはそれがどうしてなのか、よくわからない。チェスの規則を学ぶように、学校で文法の規則を学んだわけではない。国語の時間に文法は学んだかもしれないけれど、文法というのは新たに教えられるというよりも、知っていることを言葉に表現してみるという性質のものだ。

これは暗黙知《あんもくち》と呼ばれるが、学ばなくてもごく当然のように日本語を話す人々がいなければ、文法の体系など構築しようもないのである。制度はこのように暗黙的に了解されているという性質のものでもあり、暗黙的なものを表現することで生まれるものでもある。

【創造の基盤】 それだけではない。文化の世界においても制度は大きな威力を発揮している。絵画の歴史を学ぶと、さまざまな流派がそれ以前の流派を超克する形で登場することがわかる。でも新しい流派が生まれるためには、その前の、前の前の世代の流派がなしとげたことを完全に自分のものとしてしまうことが必要なのだ。タッチ、色使い、構成、すべてを修得しなければ、新しい流派を作りだすことなどできはしない。ピカソのデッサン一枚でも、フォービズムとキュービズムの展開のうちで学んだ技術への、まったく新しいまなざしに支えられているのである。ぼくたちが何かを否定しようとするとき、その否定しようとするものの特性に強く刻印されるのは、このせいなのである。

ときに制度は暗黙的な支配を実現するために、ぼくたちのかせとなることがある。文学の世界には文壇という制度があって、どのような作品を高く評価し、どのような作品を否定するかを決定する。そのためにさまざまな仕組みが作られている。こうした制度を打破するのは、容易なことではない。制度は人間が作ったものであるのに、その制度が一度確立されると、今度は人間がその制度に拘束されるようになる。

このように一度確立された制度の枠を打破するのは困難なことだ。学問の世界でも、暗黙的な制度が生まれてさまざまな制約を作りだしている。インターネットの誕生でアカデミズムによる情報や知の囲いこみに大きな穴が開いたが、ここでも文章の発表の仕方や発言のエチケットなど、新たな制度がたゆまず再生されている。

063

責任（レスポンシビリティ）

責任という語が生まれたのは意外なことに新しく、一八世紀になってからのことである。「応答する」という動詞から作られたのだ。だから責任をとるということは、問われたことに答えること、とくにみずからの行為についての疑問に弁明することを意味する。おまえはなぜこのようなことをなしたかという問いに、わたしはこのような理由からしました、その責はわたしが引き受けますと答えることだ。

［アイデンティティ］ 責任をとる動物は人間だけだと言ったのはニーチェだが、ぼくたちが責任をとれるためにはいくつかの条件がある。まず、自由な意志をもって行動するのでなければならない。狂気に襲われた人は、自由な意志を所有していないと見なされるから、罪を犯しても、法廷で裁きを受けることはない。心神喪失者も同じような措置を受けるし、他人がぼくの腕を摑んで君を刺しても、それがぼくの意志でないならば、有責者として罰せられるのは、ぼくの腕を道具のように使ったその人である。

第二に、ぼくは自分のアイデンティティ（＊16ページ）を維持していなければならない。まったく別人格となった場合には、自覚のない行為に対して責任をとることはできない。多重人格者は、別の自己の行為に対して、責任を感じることができない。ジキル博士とハイド氏はたがいに相手を他人と思っているのである。自分の語った言葉に責任を負うことは、自己のアイデンティティを維持するための重要なつとめだ。「人間は約束する動物」（ニーチェ）なのだ。

［特権］ 法的な有責性だけを問題にしているようだけれど、責任をとるということは、高貴な行為でもある。ギリシア悲劇の主人公たちは、みずから責任を負うべきでない運命にも気高く責任を負おうとする。ぼくたちには、悲劇の主人公のような責任の負い方はもはやできない。それでも責任をとるということは、自分の約束を守

ることであり、みずからの決断のもとに自由に自己を束縛することである。戦争捕虜として収容所に監禁された経験をもちながらも、「わたしはナチスの死刑執行人に対しても責任を負います」と語ったのは、フランスの思想家のレヴィナス（一九〇六〜九五）である。この無謀なまでの責任の負い方は、倫理（＊212ページ）というものの極北を示すものだ。

［リスク］ 現代の社会で責任という概念が問題になったのは、産業社会におけるリスクが巨大になってきたからである。もはや一人の人間が負いきることのできない責任というものもある。チェルノブイリ原子力発電所の事故は、操作員の冷却棒の取り扱いミスから発生したとされている。しかしぼくたちは、あの巨大な事故と目を背けるような惨禍《さんか》の責任を、操作員に負わせることができるだろうか。操作員が「わたしが責任を負います」と言って自死したとしても、それでほんとうに事故の責任をとることができたと言えるのだろうか。もしも研究者が遺伝子工学の技術によって致死性のウィルスを作り、それが漏れて数千万人の人が死亡したら、いったいどうやって責任を負えるだろう。ぼくたちは科学の力を盲信するあまりに、人間の責任の尺度の及ばないリスクを作りだしてしまったのではないだろうか。

人は自分の行為だけに責任を負うのではない。ぼくたちは自分が生まれる前の日本人兵士たちの戦争犯罪にも責任を感じることがある。戦争犯罪を犯した人々がぼくたちの両親や祖父母の世代だからだ。ぼくたちはその世代の人々に育まれ、その人々から多くのものを受けついできた。あるいはぼくたちはインドネシアで樹木を伐採し、タイの自然環境を破壊しながら巨大なエビの養殖池を作っている企業に対しても責任を感じることがある。地球の環境（＊66ページ）はもはやぼくたちの大きな身体のようなものであり、海洋の汚染や森林の伐採は、自分たちの身体を毀損《きそん》するような行為だからである。ぼくたちは未来の世代のためにも、地球というこの惑星の自然環境に責任を感じざるをえなくなっているのである。

064

贈与

何かを贈るというのは楽しいことだ。相手の喜ぶ顔が見たいとこっそりと思ったりもする。いまの日本の社会でも、お中元やお歳暮のように、贈与は日常の儀礼として続けられている。しかし贈与を一種の交換の形式として考えることもできるのだ。これは近代（＊86ページ）の資本主義社会の成立とともに地球を覆うようになった市場（＊120ページ）での貨幣（＊62ページ）による売買とは別の取引の仕方であり、こうした習慣がなお残っていることは、ぼくたちの社会や文化が資本主義の市場の原理とは異なる原理をまだ忘れていないことを示すものだ。また贈与が文化的な儀礼として重要な役割を果たしてきたことも忘れてはならない。

【力学】 何かをもらったら、今度はそれを返さなければならないし、どの程度のものを返すべきかも思案のしどころだ。贈与を受けると、どこかに債務を負ったような気がすることがある。返礼をしなければ心のどこかで圧力のようなものを感じるのだ。物を贈り、それを受けとるという行為には、不気味な力学が働いている。この力学は時間的に遅れて働く。品物を受けとってからすぐに同じ価値のものを返礼したとすると、それはどこか無礼なことであり、相手から贈り物を受けとりたくないし、そのような関係になりたくないことを暗黙のうちに語ることになるからだ。それに同じ価値のものをすぐに返礼したのでは、等価交換になってしまう。同じ価値のものを交換する行為ではないところに、贈与のほんらいの働きがあるのだ。

【贈与と交易】 贈与は複数の社会を結びつける儀礼的な役割を果たすことがある。人類学者のマリノフスキー（一八八四～一九四二）が調査した南太平洋のトロブリアンド諸島の住民は、クラという交易を行っていた。赤と白の貝の腕飾りを島から島へと贈与していくのである。この腕飾りには霊がこもっていて、とても貴重なものとされていた。そしてこの大切な財を隣の島から譲り受け、次の島に贈与することで、この島々は友愛の絆《きずな》で繋《つな》がり、結ばれるのだった。同時にその宝の贈与の機会は、その他の財の交易の場ともなった。たがいに必要とするものを交換しあったのである。さらにこれが結婚のための交際の場になった。ここでは贈与は共同体どうしの友好的な関係を構築し、外部から妻を獲得するための場となり、交易のための貴重な機会を提供してくれるものだった。

[贈与の政治的な力] この贈与がもつ経済的な力を社会的な風習にしていた民族がある。人類学者のモース（一八七二〜一九五〇）が研究した北アメリカのインディアンの一部の部族では、交際のある部族の長たちを招いて、膨大な富を消費し、膨大な贈り物をするのだった。大量の食物を宴会で消費するだけではなく、カヌーなどの貴重品が贈与された。そして極端な場合には、相手の部族の祖先に贈与するという名目のもとで、貴重な金属製品を破壊して海に投じたりした。これはポトラッチと呼ばれる。

こうして消費され、破壊されたものはもはや取り戻すことのできないものであり、失われたものの価値が多ければ多いほど、他の部族の長たちに権威をふるうことができるようになる。権威を見せつけられた長たちは、今度は贈り主を招いて、さらに巨大な富を消尽してみせなければ、権威を回復することができないのだった。贈与は経済的な意味だけでなく、政治的な意味ももっていることを、この風習はまざまざと教えてくれる。

また贈与には奇妙な逆説（＊78ページ）がある。贈与することは、ほんらいは見返りを求めてはならないものだ。しかし贈与することは、その力学として返礼を求めるものとなる。しかし返礼を期待する贈与が、果たしてほんとうの意味での贈与だろうか。贈与とは返礼を求めてはならないものではないだろうか。しかしいかなる返礼も拒む贈与は、相手に対する友愛の行為ではなく、一方的に恩恵を与えるという暴力的なものになりかねない。ほんとうの意味で贈与するということは、考えてみれば不可能なことなのかもしれない。

065

疎外

疎外《そがい》されるというのは、「疎《うと》む」と「外《はず》す」という語の語感から、仲間外れにされることのように思われがちだ。辞書にも「よそよそしくして近づけないこと」と書いてある。でも疎外という概念が重要な意味を果たす場面では、疎外はたんによそよそしくすることではない。疎外とは自己（＊118ページ）との親密な状態を離れることであり、それは人間の精神にとっては不可欠なことなのだ。

【精神の外化】疎外というこの概念のドラマを語ったのはドイツ観念論を集大成したヘーゲルだ。精神はまず自己のうちにやすらいでいる。しかし自己から離れないこの状態では、精神は無にひとしい。他者（＊148ページ）との関係をもたないからだ。精神はやがて自然の事物を認識（＊160ページ）し、他者と出会わざるをえない。人間は道具を使って自然に働きかける。道具というものはどんなものだろう。はるか古代から、車輪や犂《すき》のような道具が作られてきたが、これは古代人の発明によるものだ。また食料の多くには、手が加えられている。現代人がふつうに食べている野菜だって新石器時代から長い年月をかけて改良されてきたものだ。道具を使い、食事を作るというのは、他者の労働の成果を享受することなのだ。ぼくたちの祖先は自分の労働の成果をこのような道具や食料という「物」として残してくれた。この道具や食料は、人間の知恵と労働が物という形で外化されたものにほかならない。これが疎外という語のほんらいの意味だ。

　ぼくたちは自分の考えたこと、自分の感じたことを、他人が作った言語で表現する以外にない。言語もまた人々の知恵が外化されて作られたものであり、この言語を使って自分の感情や思想を外化する。そしてこうして作られた作品が評価されるわけだ。自分の思想を外化（疎外）することなしには、だれからも評価してもらうことはできないのだ。頭で考えただけの詩作品は、どれほど優れていると思い込んでいても夢のようなものだ。夢の中でどんな優れた文章を書いていても、目覚めて忘れてしまったら何も残らない。精神の労働である外化は、ぼくたちそのものなのだ。

【疎外された労働】このように疎外は人間の精神の営みにとって不可欠なものだが、人間の営みが外化されて物となる過程で、人間を抑圧してしまうこともある。これを指摘したのがマルクスだった。

　マルクスは資本主義の社会においては、労働が人間から疎外され、人間にとって苦痛なものとなっていることを指摘する。第一に、労働者はたしかに賃金を受けとって労働しているが、労働者が製造する製品は、労働者にとってはよそよそしいものである。ネジを切るだけの旋盤工や、包装紙だけを作るだけのパートタイマーなど、自分がそもそも何を作っているのか知らないことも多い。

　第二に、労働者は自発的な意図と工夫によって労働することが少ない。上司の命令に従って分業体制のもとで働くからだ。やりたい仕事につけた人は幸福だが、多くの場合、労働することに心からの喜びを感じることはないものだ。ほんらい労働は人間の精神の発現であるはずなのに、それが労働者にとってよそよそしいものになっているのだ。

　最後に、労働者はつねに他の労働者と競争関係にある。共同の作業のうちでたがいに相手の働きを助けながら競うのではなく、他者に優越することで、自分の価値を示さねばならない。そして労働者の仕事は賃金という形で評価される。自分の能力そのものではなく、賃金という貨幣（＊62ページ）の価値で、人間の価値が決められるかのように。

マルクス主義は、この疎外された労働をなくすためには、革命によって共産主義の社会を構築するしかないと考えていたが、それはたんなるユートピア（＊206ページ）に終わった。疎外されないほんとうの労働というものなど、ないと言わざるをえない。資本主義の社会において、ぼくたちは疎外されたまま孤立して生きざるをえないのだろうか。

090

多義性

多義性という概念は、一つの語に複数の意味があることを示すものだ。どんな単語にも、関連した二つや三つの異なる意味があることは、辞書を引いてみればすぐにわかる。ときには、まったく関連の見えない意味をもつ単語もあるくらいだ。たとえばすでに紹介した主体（＊126ジペー）という語には、行動する「主体」という意味だけではなく、主観的な考えのような「主観」という意味も、文法的な「主語」という意味もある。フランス語では同じ語で「臣下」という意味を示すことができる。主語という訳語を選んだら、ほかのすべての意味は見えなくなってしまう。語はもともと多義的なもので、文脈に応じて異なる意味をもつことが多いのだ。

［自然言語の欠陥］ 日本語や英語のように、社会の中で自然に形成された自然言語はほんらい多義的なものであり、精密な思考をしようとすると妨げになることがある。すべての人が理解できて、しかも一義的であいまいなところのない理想的な言語を夢見た哲学者は多い。デカルトもライプニッツ（一六四六～一七一六）も、学問のない人でも間違いなく思考を伝達することのできる普遍（＊174ジペー）的な言語を作りたいと考えていた。

論理学の世界でも、こうした自然言語の多義性は嫌われることが多かった。だれもが一目で論理的な関係と、推論の正しさを認識できるようにするために、記号（＊74ジペー）で論理的な関係を示す論理学が誕生したのもそのためだ。記号論理学は、自然言語のあいまいさをできる限りなくすことを目指している。

こうして自然言語は論理的な言語よりも劣っていると見なされる傾向がある。でも自然言語の論理的なあいまいさは、ぼくたちの世界の複雑さに対応しており、それなりの根拠をもっているのだ。すべての言葉がきちんと定義されていて、何を示すか明確になっていたら、ぼくたちの世界の手触りのようなものが失われてしまう。自然に使われる日常の言語こそが世界の土台であり、論理的な言語はそれを抽象（＊150ページ）したものにすぎないのだ。ウィトゲンシュタイン（一八八九～一九五一）は、自然言語こそが世界の「ざらざらした手触り」を与えてくれるのだと、自然言語を「改善」しようとする試みを批判している。多義的な世界を抽象するのではなく、具体的な生活の場で思考を展開することが大切なのだと。

【拮抗する多義性】 ときには多義性が、相容れない複数の立場を示すことがある。多数のユダヤ人が虐殺されたナチスの強制収容所では、囚人と収容所の管理者が同じ言葉を語ったとしても、同じ意味をもちえないことが多かった。囚人の語る言葉を支えるシステム（＊122ページ）が、ナチスの党員の語る言葉のシステムと、たがいに理解を絶する淵で隔てられていたからだ。どのような説明も、この多義性の淵を埋めることはできない。そのとき多義性はコミュニケーションと理解の否定をともに象徴するしかないのである。

語に複数の意味があるということは、その語に複数の文脈と意味連関が重層しているということである。一つの作品にはこれまでの長い歴史のうちで蓄積してきたさまざまな文脈と地平が重ね書きされている。語の多義性は、作品の背景にあるこうした地平の重なりを象徴的に示すものだとも言えるだろう。Warという語に、「戦争」という英語の名詞の意味と、「あった」というドイツ語の動詞の過去形の意味を重ねるなど、テクストそのものに多義性をもちこんだジェイムズ・ジョイスの『ユリシーズ』などは、こうした試みの一つだ。

　創作だけでなく、解釈においてもこうした多義性の活用の試みは続けられる。ユダヤ教の神学者たちは、『旧約聖書』の小さな一文に、思いもかけない解釈をほどこしながら、聖書の背後にある精神を探ろうとする。ときには神の言葉に反するような解釈を提示するこの営みの多様性と複雑さと意外性は、語や文の多義性こそが、尽きることのない創造の源泉であることを示しているのである。行間を読むというが、行間にも書かれていないことを読んでこそ、解釈という行為の独創性は生まれるのかもしれない。

067
他者

他者という存在については、古代から長い考察の伝統がある。とくに近代の哲学の端緒ともいうべきデカルトは、哲学の基盤を思考する自我に求めた。哲学の営みにおいてもっとも確実なものは、いまここで考え、疑うという行為をしている〈わたし〉の存在だとされたために、他なる〈わたし〉（他者）の地位はあいまいなものとなってしまった。他者の存在は確実なものではないのである。しかし現実（＊98ページ）としてこの〈わたし〉が存在するためには、〈わたし〉でない他なる人々の存在が必須である。こうして近代哲学にとって他者の存在は、難問の巣窟となってしまったのだった。

［他我］デカルトは、すべてのものを疑問にする懐疑の営みのうちで、たとえば部屋の外を歩いている人々もほんものの人間ではなく、自動人形ではないかと疑った。そのために、デカルトの懐疑の方法を受けついだ現象学においても、この確実なる〈わたし〉とは異なる他なる〈わたし〉、他我の存在は大きな難問となった。現象学の方法では、人間の姿をして、自分と同じようなふるまいをする他者に、自分の意識を移してみて、他者が自分だと想像することで、他なる我の存在を証明しようとする。しかしこの方法では、海の中に浮かんだ島のようなこの自我は、あくまでも海のうちに孤立したままであり、他なる我とも、共同体の人々とも結ばれることがないままである。他者と〈わたし〉を隔てる海水の冷たさは温めようのないものとなる。

［他我認識の端緒］こうしたデカルト的な方法は、他者の問題を考えるときには破綻を見せる。わたしだけに確実なこの〈我〉から、わたしには閉ざされた意識をもつ他者の存在を証明することは、不可能なことだった。この方法の問題点は、すでに成人して懐疑を実行することのできる人間が前提となっている。ところが、ぼくたちが最初から懐疑する哲学者のような存在だったわけではないことは明らかだ。ぼくたちは両親に育てられ、兄弟や

友人とともに成長してきたのである。言葉も思考する方法も、人々から教えられたものだ。

　精神分析では、幼児が最初は自分と母親の区別もつかず、自分の口と母親の乳房の区別もつかないことを教えている。自分の身体（＊134ページ）が統一したイメージで把握できるようになるのは、生後数カ月してからのことである。自分の身体が統一された有機的（＊204ページ）なものとして意識できるようになって初めて、自己（＊118ページ）と他者の違いが認識（＊160ページ）されるようになる。ぼくたちは最初は他者と未分化な存在として生存していたのだ。そしてぼくたちがアイデンティティ（＊16ページ）をもつことができるのも、他者のまなざしに支えられてのことなのである。

【他者の絶対性】ぼくたちは他者とともに社会を形成して生活している。他者が存在することはしごく自明なことである。それでも他者が問題になるのは、自明なことと思い込んでいる他者のうちに、ぼくたちを拒否するような異質な〈顔〉が潜んでいるからだ。ぼくたちは親しい人々と生活をともにしている。家庭のうちには他者は入り込まない。しかし親しいと思い込んでいる人々の顔のうちにも、他者の顔を認識することがある。ほんとうに親しいと思っていた人に、自分とはまったく異質な存在を感じとることがあるものだ。親しい相手であればあるほど、そのときの異貌の衝撃は大きい。そのときぼくたちは、自分が甘えることのできない他なる存在を思い知ることになる。

たとえば外国に旅行してみると、文化や習俗の違いを痛感させられる。外国の言葉を学ぶこと、それは他なる文化と他なる思考方法を学ぶことである。それまでは意味不明の音や文字にすぎなかったものが、急に人々の言葉として理解できるようになる経験をしたとき、世界が開けるような気がするものだ。そして外国語を学ぶほど、ぼくたちのなじみの思考方法との違いを味わうことになる。できる限り他なる文化と他なる思考にふれることで、みずからを大きく豊かにしていくことができるだろう。

068

抽象

抽象するというのは、さまざまな事物や事柄から、特定の性質だけを抽出して考えることだ。たとえば人間とは言語をもつ動物だと語るとき、人間がもっているさまざまな性質のうち、言語を使うという側面だけが思考され、その他の性質は捨象されている。この操作は還元（＊68ページ）と似たところがある。還元は一つの特性を取りだして、その特性に置き直してしまうけれど、抽象はたんにある特性を取りだして、それに注目するだけだ。ほかの特性は無視され、そのまま残されている。

ただ日常的な用例としては、「君の考え方は抽象的だ」と言われたら、現実から離れているとか、具体性に欠けると非難されているのだ。そのときは実例を示すなどの方法で自分の主張を補うことを考えるべきだろう。

［利点］ 抽象するということは、たとえば人間が言語を使うという特性だけに注目することだが、その特性が取りだされることによって、具体的な個別性が失われることになる。しかしそれは、ぼくたちが思考する際に必要不可欠なことだ。思考するためには抽象概念を使わねばならない。そもそも人間という概念そのものは、君とぼくの個人的な違いや、フランス人と日本人などの国民としての違いなどを無視することで、人間に共通のものを考えることができるようにしたものだ。人権や人道という概念などは、人間という抽象概念なしでは思考することはできない。そしてぼくたちが異なる文化と言語をもつ人々と理解しあえるのは、こうした抽象の力によってである。普遍（＊174ページ）的なものは、抽象することでしか現れてこないからだ。

［抽象の次元］ 抽象はさまざまな次元で行うことができる。君とぼくの違いは、男性と女性のような性差の次元で抽象することも、日本人のような集団的な次元で抽象することも、人間（ホモ・サピエンス）という種の次元で抽象することも、哺乳動物という次元で抽象することも、生物という次元で抽象することもできる。ある事柄

を考えるには、どの抽象度を使うかを見極めることが大切になる。生殖について考えるとき、個人の精神的な成熟度という精神分析的な次元で考えるのか、男女の違いで考えるのか、動物行動学の次元で考えるのかでは、まったく違う結論をもたらすことになるからだ。そしてさまざまな次元で考察し、異なる結論を比較するところから、思考が成熟していくのである。

【二つの道】 ところで抽象するには二つの道がある。君やぼくに共通なものを規定して取りだす方法と、共通しないものを捨象することで共通するものを考える方法である。これは外延と内包（＊52ページ）による定義の方法と似ているところがある。

たとえば貨幣（＊62ページ）というものを考察するために抽象してみよう。一つの方法は、内包のように貨幣とは何かという定義を考えて、あてはまるものを見つけだして考察することだ。たとえば貨幣を交換の媒体として定義すると、さまざまな社会で貝殻や金属などが貨幣として使われていることが確認できる。

もう一つの方法は、貨幣でないのに貨幣のように使われているものから、貨幣を考えようとするものだ。たとえばクレジットカードはそのままで貨幣のように使えるし、小切手やトラベラーズチェックは貨幣と引き換えることができる。最近ではボランティア活動などに通貨のようなポイントを割り当てて、他のサービスや財と交換できるようにした地域通貨なども登場してきた。労働が貨幣として機能するわけだ。ほんらいは貨幣でないものがどのように貨幣として使われるのかというところから考えるこの方法は、事物の具体性から離れずに対象を考察するために、大きな力を発揮するはずだ。

このように抽象するにあたっても、ぼくたちの思考はつねに具体性から離れてしまわないようにすべきなのだ。抽象するのは、日常の現場での具体的なものの認識を深めることを目的とするからだ。具体的なものをどれほど抽象できるか、そして抽象的なものからどれほど具体的なものに戻れるか、そこに思考の力がかかっている。

090

超越

超越とは、ぼくたちを超えていて、力の及ばない次元があることを示すものだ。ぼくたちは自分の限界を感じさせられることが多いが、自分たちの有限性を実感すればするほど、個別的な意識を超えたものの存在を思い描く。超越ということを考えねばならないのは、人間という有限な存在にとっての宿命なのかもしれない。古代ギリシアにおいてこうした超越的なものはゼウスやアテナ女神のような神々として想像されたが、神話の世界がそのままでは信じられなくなるとともに、人間の次元を超えた絶対者の存在が考えられるようになってきたのだ。

【宗教】 この人間を超越した絶対者を信仰する営みは一般に宗教と呼ばれる。とくにキリスト教では、唯一神を人間から超越したものとして、人間と神の存在の位格を隔絶させた。キリスト教の神は無からすべての事物を創造した絶対者であり、この絶対者から見ると、人間はだれもが無にひとしいもの、平等なものに見えてくる。社会の経済的な土台として奴隷を利用し、女性や外国人を差別するのが通例だった古代の社会において、人間だれもが平等であることを理念として示すことができるようになるためには、この超越する絶対者という思想が大きな役割を果たしたのだった。

【人間の構造】 やがて超越的なものは、キリスト教の神のように、人間を超えたところに絶対者として存在しているだけではないのではないか、と考えられるようになる。このような神でない超越という概念がもちだされたのは、人間のうちにそもそも超越的なものに向かう必然性があると考えられるようになったからだ。ここでは、この人間のうちにあって、しかも人間の次元を超えようとするものについて考えてみよう。

まずフッサール（一八五九〜一九三八）は超越にはいくつかの次元があると考える。まずぼくたちが何かを知覚するという行為のうちに、超越という働きがあるというのである。たとえばぼくが庭の樹木を見るとき、樹木はぼくのうちにあるわけではない。樹木はぼくに内在していないし、ぼくの力が及ばないという意味では、ぼくを「超越」しているわけだ。

　しかしぼくが樹木を知覚するとき、すでにぼくは樹木を植えた人など、他者（＊148ページ）の存在を前提としている。そこにすでに他者とともにある世界を読み込んでいるのだ。このような個人の主観を超えた世界の存在を、フッサールは「超越」と呼ぶ。こうした超越した世界が存在しなければ、ぼくたちはそもそも存在することも意識することもできなかったはずなのだ。

　またハイデガーは、人間の実存（＊124ページ）というありかたそのものに、この超越という構造があると考えている。動物たちは世界の環境のうちで生存している。そしてこの世界の外部のことを考えることがない。しかし人間は言語をもち、他者と向き合い、自己（＊118ページ）と他者を認識することができる。人間は他者を認識することで初めて自己となることができる、という性格の生き物なのだ。自己の認識のうちに、自己とまったく異なる他者の認識を原初的にもっていることで、人間は他の動物と区別される。人間は自己について、世界について問うことができ、すべての存在の次元を超えたものを思考することができるからである。

人間はこのように超越したものを思考することができるが、この超越は世界のうちで閉じることができない。ぼくたちが超越したものを認識することができるのは、他者との関係においてである。自然の事物は自由に手を加えて改造することができるものだ。しかし他者は、ぼくたちが自由にすることができない存在である。自分が自由であるといかに思い込んでも、他者の意思を自由に左右することはできないのである。

　だからぼくたちが自分とまったく異質なものを認識することができるのは、世界のさまざまな事物や生き物のうちではなく、ほんらいはぼくたちと同じ存在であるはずの他者においてなのである。他者のうちにすでに超越の意味が潜んでいる。

070
テクスト

テクストは「原本」や「本文」という意味で、教科書（テクストブック）は解釈すべき原典などを集めたものだ。でも広い意味では、言葉で書かれたすべてのものがテクストである。この概念は伝統的な解釈に異議を唱えるために使われることが多い。これまではたとえば聖書やシェイクスピアの作品のように聖なる原典があって、それを解釈し、注釈することが文学批評の重要な課題だった。その作品には特権的な作者がいて、その作者の意図を浮き彫りにする形で作品が解釈されるのだった。しかしテクストという語はもともとは「織物」という意味なので、書かれた他のさまざまな文との間で織りあげられる関係を考慮に入れようとする。作者や作品を聖なるものとするのではなく、その背後に複数の作者と複数のテクストの複雑な関係を想定することで、作品にもっと別の光をあてようとするものだ。

【引用】まずテクストの理論では、作品を歴史的にも社会的にも広がりのあるものとして考えようとする。ある作品が成立するためには、その前に膨大な作品群が存在していて、こうした伝統を踏まえているのがつねである。また同時代のさまざまな作品も、その作品に相互的な影響を与えているはずである。この過去と現在の複雑なネットワークのうえに、作品は初めて生まれるのだ。重要なのは特権的な作者ではなく、このネットワークの結び目としての作品の位置だということになる。テクストをいわば過去と現在の作品の複雑な引用の織物のようなものとして見ようとするわけだ。

クリステヴァ（一九四一～）はこれを間テクスト性と呼ぶが、その作品が生まれた時代において、どのような伝統が生きていて、どのような社会と文化が支配的であったかが、一つの作品の成立の重要な背景として考察されるようになる。

文章を書く際には、だれもが過去と現在の作品を踏まえているものだ。独創性というのは、真空のような場所から、なにかとてつもなく新しいものを作りだすことではない。それまで蓄えてきた多数の作品の記憶（＊72ページ）をどのように結びあわせて、自分の個性の産物とするかにかかっている。作品の背後にひかえているテクストの層が厚いほど、新たに作られた作品の奥行きが深くなるのだ。

［生成の相］また作品をさまざまなテクストの織物のように見ることで、作品を完成された固定的なものと見なすのではなく、生成するプロセスにおいて分析する視点が確保できる。作者がどのような視点からそのテクストを書き残したかは、文学の伝統だけでなく、精神分析学や文化人類学的な視点からも考察することができる。なぜこの作品が書かれたか、その背後にある心的なメカニズムはどのようなものかを問うのである。作者の意図や作品の意味を超えて、テクストが内在的にもつ機構を考察することもできるのだ。作られた作品としてよりも、いまそこで生まれつつある生成の姿としてテクストを解読すること、そこに新しい解釈の道が生まれてくる。

こうしたテクストという考え方では、作者はいわば消滅して、作品というテクストと、これを解釈する読者・分析者の対話が重視されるようになる。テクストの背後にどのような作品のネットワークを読み込むか、どのような生成の機構を解読するかで、読解の自由度は大きくなる。作品を作者の視点からではなく、読者の視点から考察することで、テクストの解釈がたんなる読解ではなく、ある種の創造的な力をおびるようになるわけだ。

　だからテクストを読むということは、たんに作者が考えたことを推測するような作業ではない。読者がその作品のうちにいかに新しい読み方をもちこむことができるか、作者が意識しなかった作品に接続することで、その作品の世界をいかに広げることができるかということなのだ。テクストを読むというのは、それまでの読書で作りあげてきたテクストの織物のうちに作品を組み込みながら、作者が予想もしなかった新しい世界を作る一つの創造としての冒険でもある。

071
デジタル／アナログ

デジタルというのは、もともとは指（ディジタス）からきた言葉で、指で数えることを指していた。あるものをその質からではなく、数字や記号のような表現形式で考えることだった。いまではコンピュータの世界で、すべてを0と1だけの人工的な情報に還元（＊68ページ）することをいう。これに対してアナログという語は、質の視点から類似性《アナロジー》（＊22ページ）を見いだそうとするのだ。絵の具を使って書かれた絵画は、たとえば机の上の果物の再現という意味では本物ではないが、よく似た形と色をもっているという意味では、アナログなものなのだ。

【情報の再現度】 だからデジタルには利点と欠点があることになる。データが0と1だけで構成されているので、劣化することがない。いつでも最初と同じ状態に復元できる。ビデオテープに録画したアナログの映像はやがて摩耗して読み取れなくなるだろうが、DVDなら原則として限りなく再現できるし、質を落とすことなく複写することができる。ところがこの利点は同時に欠点でもある。絵画ならその場で見ることができるが、アニメの映像などは再現するために複雑な装置が必要となる。そしてデータの一部が破損したら、全体が読み取れなくなることも多い。そしてデータそのものは、人間が自然に解読できるものではないのだ。

【身体性】 ここでアナログの時計とデジタルの時計を考えてみよう。アナログの時計は腕時計や柱時計のように、針がわずかずつ空間を移動していくことで時間を示す。その原理では日時計や水時計と変わりはない。じっと針を眺めていれば時間の経過が空間的に体験できることがわかるはずだ。ここでは時間が身体（＊134ページ）的に体験できる。そして一日のうちでいまという時刻がどのような位置にあるのか、感覚として把握することができる。ところがデジタル時計では、その時刻が数字で示される。いまでは電波時計で正確な時刻がどこにいても確認できる。ところがこの時刻は正確ではあるが、ぼくたちが身体で体験できる時間の長さとしては表現されない。時刻の分の表示は、一分間同じままで、ある瞬間に次の分の表示になる。秒の表示も同じだ。無限の短い時間の長さは切り捨てられて、ある単位だけの時刻が表示されるだけだ。だからデジタルには抽象的で、刹那的な感覚がつきまとう。アナログなものは、時代遅れのようではあっても、ぼくたちの身体感覚に近く、温かみがあることがわかるはずだ。

【一覧性】今度は辞書のことを考えてみよう。いま辞書はデジタルのものが多くなった。スペルを入力すると、すぐにその単語の意味が表示される。それにその単語が含まれている語や関連語などを検索するのも、あっという間のことだ。実に便利になったものである。これに対して紙の辞書はかさばるし、慣れないと探す言葉もなかなか出てこない。

　ところが紙の辞書にはそれなりのよさがある。さまざまな単語の中の一つの語として探していくうちに、その語が全体の語彙《ごい》のうちで占めている位置のようなものが理解できる。一覧性はアナログの辞書のほうが高いのだ。語義の説明の長さを同じページの他の語と比較することで、その語の複雑さを視覚的に知ることができる。前後左右には同じ語源の語が並んでいることが多いので、その語の関連語彙を知ることもできる。連想でもっと別の着想を得ることができるかもしれないのだ。アナログの辞書がときに思考の道具になることだってある。

アナログとデジタルのこの情報の違いは、アナログ情報のほうがオリジナルに近いことが大きな役割を果たしている。デジタル情報は基本的にアナログ情報を処理して、使いやすさを高め、正確性を維持し、再現性を高めたものなのだ。生活の場で使う腕時計には、いまという時刻が一日のうちで占めている位置を視覚的に示してくれるアナログの時計がなじむし、目を覚ました瞬間の時刻がなによりも重要な情報である目覚ましには、デジタルの時計が使いやすい。要はいかにしてこの性質の違いを使い分けるかなのだ。

072

トポス

トポスというのは場所という意味のギリシア語だ。ところがアリストテレスが『トピカ』という書物で、さまざまな議論において共通に通る場所という意味でトポスの概念を拡張したために、トポスとは伝統的に議論によく使われる主題やパターンを示す言葉となった。中世のラテン語の文学においては、少年と老人の対比、朝と夜の対比などのトポスが活用されている。現代でもトピック（議題）という語として、この伝統が残っている。

【修辞学の伝統】西洋の文芸の根幹には、哲学と修辞学がある。哲学は伝統的に真理を求める学問であるが、修辞学は人々を説得し、議論を提示する方法を考察する。プラトンは真理を探究する哲学に対して、虚偽のことでもほんとうらしく説得する術である修辞学を軽蔑していたが、西洋の伝統では修辞学はときには哲学を圧倒するほどの地位を占めていた。その修辞学で重要なのが、さまざまな論点を取りだし、説得力のある議論を構築する方法である。それがトポスの学（トピカ）だった。

デカルトは真理の基準を明晰で判明であることだと考えていた。判断する自分にとってもっともはっきりとわかり、他のものと混同されない単純な要素から順に列挙していくことで、確実な知が構築できると考えたわけだ。この方法はだれもが自分のうちで独自に実行することができて、それによって惑うことのない真理が獲得できるという信念に支えられている。つまり他者を必要とせず、自分だけとの対話のうちに真理に到達できるというものだった。

しかし真理とは、そのように孤立した自我のうちで構築できるものとは限らない。ぼくが一人だけでつきとめる真理ではなく、他者と対話しながら初めて発見できる真理もあるはずだ。トポスの知はこのように人々と意見を戦わせながら生みだされる知であり、近代哲学の伝統的な方法論とは異なるものに依拠している。トポスの知は西洋の伝統のうちでときに忘却されがちになってきた修辞学と弁論術の源泉にもどりながら、繊細なまなざしを駆使して、孤立のうちに真理を模索するのとは異なる方法論を試すのである。

【モチーフ】トポスの知は、これまで行われてきたさまざまな議論のパターンを調べながら、トポスとされているモチーフを探しだす。たとえば中世の宇宙観と人間観では、ミクロコスモスとマクロコスモスの対比が中心的な役割を果たした。宇宙は人間を巨大にしたものであり、人間は宇宙を縮約したものだという考え方を軸にして、議論が展開されたのだ。このトポスのもとでは、世界は人間が演じる劇場の比喩で考えられ、自然はぼくたちが読む書物の比喩で考えられる。

　これらはさまざまな社会に共通したトポスであるが、トポスを分析することは、その社会においてどのような世界観が抱かれているか、人間と宇宙がどのように理解されているかを理解するために役立つのである。そして異なる社会でも同じトポスが登場する理由の分析も、比較文化的な考察として重要だろう。さらに同じトポスが歴史的にどのように変動し、どのように違う使われ方をしているかという考察も、知の基盤となる枠組みの変動を解釈するための兆候として使えるはずだ。トポスの知はぼくたちの知の変動を示す指標のような役割を示すことができるのである。

このようにトポスは修辞学の分野で伝統的な議論のパターンとして使われるが、議論を展開するためだけでなく、さまざまな連想を展開することにも役立ってきた。日本では古来、和歌のうちに多くの風景が詠まれてきた。そこでは、古来の名歌が人々の記憶のうちに刻みこまれているために、たとえば百人一首にも収められている「朝ぼらけ宇治の川霧たえだえに……」という歌で詠まれた宇治川は、京都の川の名前であるだけでなく、多数の和歌のうちで、早朝に白く濃い霧が立ちこめる川を示すトポスとなった。風景もまたトポスとして詠み込まれるのだ。

073

認識論

認識論とは、人間がどのようにして事物や事柄を認識できるか、その方法はどのようなものかなどを考察する学問である。ぼくたちは庭の樹木、目の前の机、両親や兄弟などをごく自然に認識している。けれどもそれがどのようにして可能となるかは、考えてみるとそれほどたやすいことではない。認識論は、さまざまな客体（＊126ページ）の存在そのものにかかわる深い根のある学問なのだ。

［経験論］ 古代ギリシアの時代から、人間の認識の確実性と可能性についてはさまざまに探究されてきた。プラトンの哲学は、真の実在を認識する方法を軸として展開されていたのである。同じようにデカルトの認識の理論は、人間には生得的な理性（＊210ページ）の光が自然にそなわっていて、明晰で判明に認識できるものだけに依拠して、確実な理論の体系が構築できると考えていた。しかしロック（一六三二〜一七〇四）に始まるイギリスの経験論では、このような自然な理性のようなものをまったく想定せずに、人間の心が白紙のような状態から認識を積み重ねて成長していくと考えられた。経験論をさらに徹底させたヒューム（一七一一〜七六）にいたっては、人間は知覚の束として理解された。人間はたんに認識した印象の集まりであり、主体という観念（＊70ページ）や人格の同一性という観念まで、幻想にすぎないと考えたのである。

［超越論的な哲学］ イギリスの経験論は、主体の概念を重視する伝統的な形而上（＊94ページ）学と認識論に強烈な衝撃を与えた。人間とは知覚の束にすぎないものだとすると、だれもが孤独な知覚の集まりにすぎなくなり、主体の意味などなくなってしまうからだ。しかも経験論ではこの知覚の集まりがどのようにして構成されているかを示そうともしない。また各人はそれぞれに異なる知覚の束だとしたら、孤独な束である人々がたがいに理解しあうことなど不可能になってしまう。この経験論の衝撃の

もとで、人間が事物を認識することができ、しかもそれを共有して、自然の科学的な法則を取りだすことができるようになる道を模索したのがカントである。

カントは、事物を認識する人間の知覚には、空間（＊88ページ）と時間という共通の形式があることに注目した。また認識したものについて因果関係などの判断を下す際には、すべての人に共通したカテゴリー（＊60ページ）という枠組みがあり、人間はこのカテゴリーに基づいて思考すると考えた。このため人間が認識するものはどれも同じ形式をもち、同じカテゴリーにしたがう。人間が自然について科学的な法則を見いだして、それを共有できるのはそのためである。

[言語の力] カントが人間の認識の基礎づけをしたことによって、認識に関する理論は大きく前進した。その後の認識論においては、人間が事物を認識する方法を捉え直して、カントの哲学では認識できないとされていた物自体の概念を克服する試みが行われるようになる。

とくに重要だったのは、それまで意味を伝える道具や、事物を認識するときの媒介のように思われていた言語についての理論が深められたことだ。人間が事物を認識するときは、カントが考えたように知覚と思考の形式だけではなく、言語が重要な役割を果たしていることが注目された。言語は人間が事物を認識する際に、何を何と区別するかという分節（＊180ページ）の役割を果たすのである。人間が何かを知覚して判断し、それを言語で他者（＊148ページ）に伝えるというよりも、人間が何を知覚するかが、言語によってすでに規定されており、深いところでは思考形式も定められているというのだ。

認識論は複雑な展開を続けている。人間が何をどのように認識するかを決定するのは、言語だけではない。文化的枠組みが人間の認識の条件となっているはずである。認識をたんに白紙の状態から考えるのではなく、その文化的な背景から理解することも必要だろう。何をどう認識するかという認識の分節は、社会的あるいは文化的に規定されていることも忘れるべきではないからだ。

074
パトス

パトスというギリシア語には二重の意味がある。情念という意味と受難という意味だ。英語などでもパッションという語は情熱という意味のほかに、『マタイ受難曲』のように受難という意味を受けついでいる。ところでこの二つは実は深い関係にある。ギリシア語で情念というのは、身体（＊134ページ）が外部から受動的に影響されて生じたものを意味するからだ。情熱とは、人が情念を受難することなのだ。

［パトスの役割］ 人間は能動的な主体（＊126ページ）であるだけでなく、受動的な制約を受けている。パトスという概念で重要なのは、その制約が人間にある種の知をもたらすと考えたことだった。人間は身体をもち、外部から影響を受ける。行動する能動的な主体である前に、まず刺激を受け、身体のうちの情念で生きる存在なのである。

ぼくたちは子どものときから身体を通じて外界と交流し、さまざまな経験を積んできた。こうした経験がなければ、人間の認識（＊160ページ）も知も成立しないことは明らかだ。身体をもって世界のうちに存在していること、それが人間の条件であり、機械とは違うところだ。たとえば手をもつコンピュータに、猫の世話をするように命じたとしよう。コンピュータは猫に餌を食べさせようとしても、餌という概念も食べるという概念も、ただ概念としてしか知らないだろう。自分に身体がなければ、猫をどうやって扱えばいいのか、まったく見当もつかないはずだ。

［受苦的な存在］ ぼくたちは空腹になり、渇きを覚え、眠気に襲われる。いつでも何かしら欠如感にさいなまれて、それを満たそうとして苦労している存在である。しかしこのように苦しむ存在であることによって、世界のうちで生きることの意味が生まれてくる。ぼくたちが猫の空腹を理解することができるのも、実際に自分たちが空腹に苦しんだことがあるからだ。受苦的でパトス的な

存在であるということは、コンピュータには理解できない知をもたらしてくれるのである。

［ケア］ そして人間が猫の空腹を理解できるということは、人間が身体をもち、さまざまな欲求に苦しむ受苦的な存在であることによって、他者に同情し、他者とともに世界を構築する意思と欲望をもてるということである。自分が苦しんだことがある者だけが、他者の苦しみを理解することができるはずだ。

他者のケアという思想は、人間が受苦的な存在であることから初めて生まれる。パトス的な存在であること、それが人々の相互的な理解と行動のための重要な根拠となるのである。

［実存］ パトスの知は、理性（＊210ページ）的なものというよりも、身体とその受動的な感情に由来するものであるが、それは世界のうちに存在するという人間の実存（＊124ページ）のありかたを教えてくれる。ぼくたちの理性は、自分がいずれ死ぬことを認識している。しかしぼくたちが自分の死を自分のこととして実感するのは、パトス的なものである不安によってである。ハイデガーが『存在と時間』で指摘したように、パトス的な存在である人間は、世界のうちに身体をもって存在し、自己に配慮し、他者のために思慮し、不安を感じながら自分の生き方を見つめなおす。人間は受動的な存在であることで、初めて能動的に行動し、人々と連帯し、実存として存在することができるのである。

いまではパトスは不安や驚き、死の恐怖などに襲われて、感情的に高揚した状態や悲壮な様子を指すようになった。一九世紀のロマン主義では、このパトスに襲われた状態において、天才的な創造が可能となると考えた。日常的なものからの離脱の手段として情念が高く評価されたのである。

ぼくたちも、深い感情に襲われるとき、それまでにない新しい〈眼〉が開けることがあるのはたしかだろう。たとえば悲劇などを鑑賞するなら、作中人物の運命が観客の感情を嵐のようにかき立て、観客はパトスのもとで、人間の運命に深いところで共感するのである。

075
パラダイム

パラダイムは科学史家クーン（一九二二〜九六）が作った用語だが、いまではすっかり一般的に使われるようになった。もともとは模範や範型を意味するギリシア語に由来するが、科学史の領域では、科学者たちがどのような事柄を問い、その問いにどう答えるかを決定する理論体系や思考の枠組みのことを指す。

【科学者の常識】クーンは科学が発展するプロセスを歴史的に考察して、ある科学の領域で、すべての科学者が前提としている理論体系があることに気づいた。たとえば近代までのユークリッド幾何学やニュートン物理学のような体系だ。ユークリッド幾何学では、平行線はその定義からして交わることがない。平行線が交わる可能性を想定したならば、他の幾何学者から常識に欠けると一笑されただろう。ニュートン（一六四二〜一七二七）の物理学においては物質の質量とエネルギーはまったく別のものである。

こうした体系は科学者の思考の土台となるものだったために、この体系に反する事実は、事実として認められることがなく、さまざまな例外的な事象として無視される傾向があった。科学者たちは、その体系の内部にあってまだ解決されていない空白の地点で研究を重ねる。それは体系をより完全で整備されたものとするからだ。科学の問いそのものが、このパラダイムの領域の外部に出ることはなく、問題として提起されるものそのものをパラダイムが決定してしまうのだ。

【パラダイム転換】しかしこうした体系では解決できない問題が発生することがある。あるいはこうした体系をその内部に含みながら、もっと広い問題を考察できる大きな体系が生まれることがある。アインシュタイン（一八七九〜一九五五）の相対性理論では、質量やエネルギーについての考え方がニュートンの体系とはまったく違うものになっている。定義そのものが違うということは、以前のパラダイムで研究している者には、その問いがそもそも問うことのできない性格のものだということを意味する。だから優れた天分をもつ科学者が新しいパラダイムを提示するまでは、科学は既存の体系の内部で充足せざるをえない。

　科学者たちがそれまでにない問いを問えるようになるためには、「パラダイム転換」が必要となるわけだ。いわば伝統的な研究は、チェスの指し手のように、その科学のゲームの規則に従って指す「手」なのである。ところがパラダイム転換は、新しい手を考えるのではなく、ゲームの規則そのものを変えてしまう。このパラダイム転換という概念は、とてもわかりやすいために、視点が大きく転換するような場面では、それほど重要でもない転換にも用いられるようになったのだ。

　パラダイムという概念は、フーコー（一九二六～八四）が提示したエピステーメーの概念と似たところがある。フーコーは一つの時代には、すべての学問の共通の基盤となるような知の枠組みがあると考えて、これをエピステーメーと呼んだ。

　フーコーは一つの時代にはただ一つの思考の枠組みが存在し、すべての問いはその枠組みの内部から生まれ、その外部にあるものは思考されず、問われることがないと考えた。たとえば中世には、世界を解読すべき書物のように考えるエピステーメーがあり、フランス革命までの時代には、すべてのものを表象（＊168ページ）として考えるエピステーメーがある。そして近代のエピステーメーは、表象として世界を見ることをやめなければ生まれなかったと考えるのだ。

　クーンのパラダイムの概念は、科学の発展を分析するために作られた道具であり、その時代の科学者にとっては周知のものである。しかしエピステーメーはその時代に生きる者にとっては無意識（＊194ページ）的な思考のパターンであり、透明で見えないものである場合が多いという違いがある。またエピステーメーは科学だけに考察の範囲を限定しないために、広い範囲をカバーできるという利点がある。それでもパラダイムとエピステーメーは同じところを見つめているのである。

076

批判（クリティーク）

ぼくたちは批判というと、相手の議論の欠点を指摘することだと思いがちだ。もちろんそれも批判だが、批判という語にはもっと大きな背景が潜んでいる。もともとは「分離する」という意味のギリシア語から来たものだ。料理のために鳥を解体してみるとよくわかるが、関節の位置、筋肉の配置などを理解しないと、肉をさばくことは難しい。同じように批判とは、物事の構成や配置を見抜き、それぞれの要素の役割と制約を見定めながら、その物事の価値を評価する行為だ。

【哲学の方法】 哲学の分野で、この批判の概念を確立したのはカントだった。それまでは哲学とは、確立された理論の体系を学ぶことだと考えられていた。プラトンやアリストテレスなどの哲学体系、中世の巨大な神学体系であるスコラ哲学、近代のデカルト以降の哲学や美学など、それまでに構築された巨大な理論体系が存在していたからだ。しかしカントは哲学というものはそのような既存の体系を学ぶことにあるのではなく、だれもが自律（＊132ページ）的な主体としてみずから思考することで「哲学する」ことを学ぶべきだと考えた。

そのための手段としてカントは、それまでは文学の世界で批評という意味で使われていたクリティークという概念を哲学の世界に持ち込んだ。人間がみずからの思考の力を使って、既存の体系を腑《ふ》分《わ》けし評価することで、自分の力で考えるという啓蒙（＊96ページ）の課題を実行することができると考えたのだ。そしてその前提としてカントが実行したのが、人間が対象を認識（＊160ページ）する能力そのものへの批判だった。カントはぼくたちがさまざまな事物について認識できるのはどのような仕組みになっているかを、人間の知覚や思考の能力そのものが発生する場において考察する。さらにカントは、これまでの形而上（＊94ページ）学的な体系を批判する視点として、人間がなぜ形而上学的な問い、すなわち人間の意思の自由、魂の不死、神の存在などの問いを問わざるをえないかということに注目する。そしてこうした形而上学的な問いが理性（＊210ページ）の力では解決できないことを示してみせる。ここでも批判の威力は大きい。

【批判の応用】カントの批判の概念は、このようにある事物の分節（＊180ページ）を見極め、その意義と制約を調べるというギリシア時代の原初の意味に近いものとなっている。さらに哲学以外の分野でも批判は試みられた。たとえばマルクスは経済学の「批判」を目指していた。マルクスが試みたのは、資本主義の社会のメカニズムを、その内的な働きにおいて腑分けするという批判的な分析だった。マルクスは近代経済学が資本主義社会の真のメカニズムを明らかにしていないと考えた。そして批判の方法で、資本主義社会の根幹にある重要な制約を暴きだしたのである。

クリティークは、文学の分野では批評と呼ばれている。批評も批判と同じように、作品を腑分けしながら、作者の意図がどのように成功しているか、作品にどのような固有の価値があるかを調べるのだ。文学では創作の分野と批評の分野は一応分けて考えられるが、小説家が鋭い批評眼をもっていることも、批評家が創造的な役割を果たすこともある。日本でも小林秀雄《こばやしひでお》（一九〇二～八三）以来というもの、批評の文学的な価値が重視されてきた。

批評が腑分けを実行する際には、主として三つの視点が重視される。作品そのものの価値、作者と作品の関係、作品と読者の関係だ。もっとも伝統的な視点は、作品の統一性を保証する核としての作者に注目して、さまざまな作品をその作者との関係から考察するものだった。その後は作者よりも作品そのものについての関心が高まる。現代では、作者や作品を独立したものと見なすのではなく、読者が作品をどのように解読するかという視点が重視されている。読者が作品をさまざまに読解することで、作者が意図した以上の作品の世界が開けてくるのである。作品は独立したものではなく、読者の読解と批評の営みによって、さらに豊饒なものとなる可能性を秘めている。

077

表象

表象という概念はなかなか手強《てごわ》い。辞典では「意識に浮かぶ感覚的な心像《イメージ》（＊34ページ）」という説明をつけることが多い。ぼくたちが外部の事物を認識する際は、この表象を手掛かりにするしかないのである。またこの表象という概念には、文化的・社会的な意味が強くこめられていることに注意が必要だ。ある時代の人々が共通して抱く文化的なイメージが、表象という語で呼ばれることが多いのだ。どんな人が美人とされるかは時代とともに変化する。それは平安期の美人と江戸期の美人と現代の美人を比較してみれば明らかだ。何が美であるか、美しいものは何であるかさえ、美について、美人についての表象から規定されるのである。

[表象の地位] 近代哲学は、デカルトがあらゆるものを疑った懐疑の営みから始まるが、デカルトは懐疑ののちになお確実なものとして残されるのは、思考する存在としての自己（＊118ページ）の表象であり、この主体（＊126ページ）としての自己が明晰かつ判明と判断する事柄だと考えた。デカルトにとって真理の根拠は、自分の存在についての表象だったわけだ。自分の外部の表象の地位を確かめる根拠となるのも、この自己の表象の確実性だったわけである。

カントは人間は物自体を認識することはできず、表象を把握するにすぎないことをその哲学の根本に置いていた。さらにニーチェも、人間は表象によってしか事物を把握できず、表象はつねに過《あやま》つものであると考えた。しかし問題は、人間がどのように表象せざるをえないか、どのように過たざるをえないかという側面にある。人間が真理と考えるものは誤謬《ごびゅう》であるかもしれない。しかし人間は誤謬を真理と信じ込むことによってしか思考することができない。いわば表象は不可避な誤謬だということになる。

[世界像] 表象は思い浮かべるという行為であるために、主体と客体の対立がすでに含まれている概念である。思

い浮かべるのは主体である人間であり、思い浮かべられるのは客体である事物や他の人間である。人間のこの表象するという行為に含まれる構造に注目したのがハイデガーである。ハイデガーは、人間が主体として存在し、客体としての自然に働きかけるということのなかに、西洋の伝統的な思考方法が隠れていると考えた。世界を像、イメージとして考える姿勢から、自然を自由に加工するという暴力的な姿勢が生まれるというのだ。表象というごく自明な概念から、人間と自然の関係、人間と技術の関係についての考察を展開するハイデガーの腕力はすごいと思わざるをえない。

表象の概念が比較文化の領域で果たした役割も忘れることはできない。表象は個人の想像の働きだけではなく、ある文化のもたらす共通のイメージとしての働きもあるからだ。たとえば西洋における東洋の表象が、西洋人が作りだした装置のようなものとして、西洋による東洋の植民地化を支える重要な役割を果たしたことを指摘したのが、サイード（一九三五～二〇〇三）だった。西洋人は伝統的に東洋を非合理的で、堕落していて、幼稚で、異常（＊136ページ）なものと見なした。一方で西洋を合理的で、徳があり、成熟していて、正常なものと見なす傾向が強かった。そしてこの都合のよい表象に基づいて西洋人はみずからを支配と教化と統治の主体と見なし、東洋人を規律と訓練と教化の客体と見なすようになったのである。こうした視点をサイードはオリエンタリズムと呼んだ。

表象はこのように、ある社会の文化的な産物として、その社会の人々を意識的にも無意識的にも支配する強大な力を秘めている。女性らしさとは何か、男性らしさとは何かなど、社会の中で流通している表象は、ぼくたちの思考と行動を規制する装置となっているのである。こうした表象はいわば社会的な無意識と想像力の産物である。ニーチェが指摘したように、表象は過つものであるが、ぼくたちには真理として通用することが多いものだ。表象のもつ力とその限界に、ぼくたちは無自覚であってはならないだろう。

078

風土

風土という概念は、日本の倫理学者の和《わ》辻《つじ》哲郎《てつろう》（一八八九～一九六〇）が作りだしたものと言えるだろう。ハイデガーと現象（＊100ページ）学からの影響は強いが、日本で生まれた概念で、いまでは西洋でも受け入れられている。風土とは、特定の地理的な環境（＊66ページ）のもとで生まれる民族的に固有な特徴と、その特徴についての自己了解である。それぞれの社会には固有の風土があり、その社会で生きる人々の生活や思考は、その風土の刻印を受けざるをえないのである。

【人－間】 和辻は風土について考察するために、まず西洋の哲学では認識（＊160ページ）が重視されていることに注目する。そのとき認識する主体は抽象的で孤立した個人としてイメージされる。ところが人間が寒さを感じるとき、それは個人として感じるよりも、他の人々とともに一つの環境の中で感じるのであり、時候の挨拶《あいさつ》というものが可能になるのは、だれもが同じ寒さを感じているからである。和辻はそこにあるのは他者（＊148ページ）との間柄であると考える。人－間というのは、人の間にあることであり、認識する主体である以前に、人々の間で生きる存在なのである。

和辻が注目したのは、この人々との関係が抽象的なものではなく、それぞれの民族の歴史や環境のなかで長い伝統のうちに築きあげられてきたものであるということだった。そしてそれを風土という概念で表現したのである。挨拶の仕方、家の建て方、着物の着方、料理の仕方などにおいて、その民族の固有性があらわになる。

すべての民族は固有の風土の影響を受けながら、しかもその風土をみずから作りだしていくものである。風土との相互作用のうちに、ぼくたちは自己（＊118ページ）を規定し、了解するわけだ。自由であるというのは、何もないところで自己決定することではなく、風土に働きかけ、風土から超越（＊152ページ）する自由でもある。

【思考の規定】 和辻は風土の違いが思考のありかたまで規

定し、それが哲学において重要な役割を果たしていることに注目する。たとえばギリシアでは行為よりも理論の営みが重視された。人間の行動よりも、何かを観察し、その観察したものについて考察する営みのほうが優れたものと考えられていた。これは視覚とまなざしを優位におく傾向の強いギリシアの風土に由来するものではないかと考えたのだった。

また、モンスーン地帯のように自然が暴威をふるうことがないヨーロッパでは、自然を人間に従属させるという人間中心主義的な思考が生まれやすいと考える。和辻は世界の風土を東アジアのモンスーン型、西アジアの砂漠型、ヨーロッパの牧場型に分類する。ときにこうした考察は、風土がすべてを決定するという議論に見えることがあるが、人間は風土的な環境のうちで初めて自己了解に達することができるのはたしかだろう。

哲学は普遍（＊174ページ）的なものを目指す。そのために抽象的な概念による思考と推論が重視される。しかしこの抽象的な普遍性と、ぼくたちの生活世界の間には、まだいくつもの層による媒介が必要とされている。民族的な特性（エスニシティ）という媒介も、風土という媒介も、こうした媒介の思考の試みの一つだ。

たとえば民族という媒介については、すでにヘーゲルの歴史哲学において、明確な構想が示されている。ヘーゲルは世界の歴史とは絶対的な精神が個々の民族に固有のありかたから解放され、人類としての人間の自由が実現される過程だと考えた。東洋の世界ではただ一人の君主だけが自由であり、ギリシアとローマでは奴隷や女性や子どもや外国人を除く人々だけが自由であり、ヨーロッパにいたってすべての人が自由を自覚できるようになる。このように民族は歴史のさまざまな段階で固有の役割を果たすと考えたのであり、和辻の風土の概念も、東アジア、西アジア、ヨーロッパに固有の特性を割りあてることで、ヘーゲルの歴史哲学を踏まえようとしたのである。現代では歴史学や政治学の分野で、地理的な環境を重視する地政学が、この風土の視点を受けついでいる。

079

フェティシズム(物神崇拝)

フェティシズムとは、ある種の性的な倒錯で、ほんらいの性愛的な身体器官ではないものに異様な愛着を示すことだ。最近ではフェチと略されている。うなじフェチ、足フェチ、耳フェチまで、そして水着や学校の制服など、身体にまつわる対象にまで、どんなところにも愛着を固定させることができる人間のエロス（＊46ページ）的な柔軟性には、驚くべきものがある。フロイト（一八五六～一九三九）はこうした症状を、ペニスの切断という去勢の脅威から逃れようとするために、女性の性愛的な身体器官ではなく、その代理となる器官に無意識のうちに愛着をもつようになることだと考えた。しかしフェチは、倒錯というよりも人間の性愛というものの奥深さを示すものと考えたほうがよさそうだ。

［自然宗教］ところでこのフェチはぼくたちの性的な局面だけではなく、社会のさまざまな場所で見られる現象であり、奥深い意味をそなえているのである。たとえばぼくたちはときに、自然に聖なる力があると思いたくなることがある。日本でも月山《がっさん》とか高野山《こうやさん》などは聖なる山として信仰を集めてきたし、神社などには聖なる樹木がまつられていたりする。自然の事物を聖なるものと考える素朴な自然宗教のことも、フェティシズムと呼ぶことがある。聖なるものそのものではなく、その部分的な現れとしての自然の物を神として崇拝するからだ。

［商品の物神化］聖なるものとして崇められるのは、どこか崇高なところのある自然の事物だけではない。資本主義の社会では商品や貨幣（＊62ページ）もまたフェティシズムの対象となる。貨幣はそれ自体においては価値のないものでありながら、すべての物を購入する力をそなえたものとして、使用価値のあるさまざまな物よりも優れたものと見なされることがある。ここに貨幣に対する物神的な崇拝が潜んでいることはたしかだろう。

商品もまた市場（＊120ページ）に登場すると、フェティシズムの対象となる。マルクスが『資本論』で鋭く分析したように、ほんらいは使用価値しかもたない物が商品として市場に出されると、ぼくたちが知覚することのできないある特質をもち始めるのだ。

たとえば貴金属店に飾られた多数の貴金属商品がどこかアウラ（＊20ページ）のような威光を放っているのは、このフェティシズム的な力によるものだ。ぼくたちの欲望（＊208ページ）の対象でありながら、手の届かないもの、どこかに聖なる力をそなえたものに見える。それはデパートなどに麗々しく飾られた商品たちも同じことだ。もともとおまけにすぎなかった人形が、オークションなどで高額で売買されたりすることもないわけではない。

【絶対的なものとしての物神】 ぼくたちが物神崇拝をしがちなのは、こうした商品や貨幣だけではない。物だけでなく、何かを絶対的なものと信じ込んだ瞬間からフェティシズムは始まるのだ。たとえば真理とか、正義とか、人権などの崇高な概念はそれだけで絶対的な価値があるかのように思えて、ぼくたちを魅惑し、異議を唱えるのが困難になる。

真理とは人間が必要とする誤謬《ごびゅう》の一種にすぎないと言い放ったのはニーチェだが、真理は絶対的なもの、聖なるものとして崇めるべきものではなく、それについて考察すべき対象にすぎない。ぼくたちは自分たちにとって絶対的なものと思われるものについて、それを物神化していないかどうか、偶像崇拝しているのではないかと、ニーチェとともに一度疑ってみてもよいかもしれない。哲学や形而上学なども、実は真理へのフェティシズムに囚われているかもしれないのだ。

さまざまな制度も、一度その権威が認められてしまうと、ほとんど物神的な権威を保ち続けることが多い。たとえば新聞などのマスメディアが発表する意見や報道は、正しいものと信じ込まれやすい。しかし実際に記事を書いているのは個々の記者であり、寄稿者である。新聞に書かれているからといって、その事実内容を調べずに信じ込むのは、新聞という制度（＊138ページ）を物神化することではないだろうか。

普遍

普遍的であるということは、さまざまな個別的なものにある共通な性質がそなわっているということである。君とぼくの間にある普遍的なものとは、たとえば人間であるということ、人間性をそなえていることだ。どの次元に共通性を見いだすかで、普遍的なもののありかたも変わってくることになる。男性であることも共通しているかもしれないし、日本人であることも共通しているかもしれない。しかし普遍という概念で人間について考えるときには、人間性という本質的なものの次元で考えようとすることが多い。たとえば色が白いという共通性の次元で普遍を取りだそうとしてもあまり役に立たないからだ。ものを考えるときにどの次元を選ぶかは、思考の効率を左右する重要な基準だ。

[イデアと形相] 古代のギリシアにおいても、もっとも普遍的なものは何かというのが重要な論点となっていた。プラトンは個々の人間とは別の次元にあるイデアこそが普遍的なものだと考えていた。生成し、うつろう世界におけるさまざまな美は、変化することのないイデアの世界における美そのものの反映であるか、こうしたイデアとしての美を分有するものにすぎないと主張する。

これに対してアリストテレスは、普遍的なものは個人的なものと異なる次元にあるわけではなく、個々の人間に内在したものだと考える。ドングリが成長してクヌギの木になるように、個々の人間のうちにもその個人を人間たらしめる普遍的なものが存在していると考えたわけだ。アリストテレスはこれを形相《けいそう》という概念で呼んだ。

[普遍論争] 中世には、こうした普遍的なものがまず存在していて、その後に個別者が存在するようになるのか(これを実在論と呼ぶ)、それとも個別の人間が存在するだけで、普遍的なものとは人間が考えだしただけのもの、たんなる呼び名にすぎないのか(これを唯名論と呼ぶ)という論争が長期間にわたって続けられた。これは

普遍という概念が存在する次元を問うものであり、言語と実在、概念と実体など、哲学の主要な概念をまきこんだ重要な論争となった。近代の哲学は、普遍的なものはたんなる呼び名にすぎないという唯名論の延長上にあるといってよいだろう。

アリストテレスは、学問とは個別のものではなく、すべてのものに該当する普遍的なものについて考察するものであると主張していた。しかし近代の哲学も科学も、普遍的なものではなく、個別的なものへのまなざしから生まれているのだ。デカルトは「わたしは考える」という絶対に確実な事実を普遍性の根拠にしたが、ここでも「わたし」という一人称の主語が決定的な意味をもつ文のうちで、「わたし」の確実性の上に構築されているのである。普遍的なものは、わたしという個別的なものからしか取りだすことはできないとされているわけだ。

【普遍・個別・特殊】普遍という概念は、ヘーゲルの論理学では、個別と特殊と複雑な関係を結ぶ。普遍は個別や特殊と対立するものではない。猫という普遍的な生き物が庭を歩いていることはなく、いつもこの特殊な三毛、この白黒ブチ猫として、そしてわが家の個別の飼い猫として存在している。しかし同時にこれらの猫は、どれも猫という種として、普遍的な性格をそなえている。個別的なものは、その特殊な規定性を普遍的なものと統一することで、具体的な存在としてあるのである。ここで普遍と個別と特殊は、考察する次元においてたがいに位置を交換しながら規定性を深めていくものであることが示されている。

ぼくたちは思考するとき、普遍的なものに依拠せざるをえない。西洋と東洋が出会うときにも、たがいに理解しあえる普遍的な次元で論理を展開しようとする。しかし普遍的なものはつねに個別的なものと特殊なものによって媒介されることでしか実現されない。たんに普遍的なものから出発するのではなく、カルチュラル・スタディーズ（＊64ページ）が試みるように、まず日本人であることという個別的なものから出発して普遍的な場へと到達するのも重要な道筋なのだ。

081 文化と文明

文化（culture）と文明（civilization）という語は複雑な関係にある。文化という語はもとは耕作する（cultivate）という動詞から来たものだ。その意味では手つかずの自然と対立する。自然に手を加える文化は、人間の能動的な働きの産物である。そしてこの自然に手を加える方法の違いで、地球にはさまざまな文化が成長していったと考えることができる。ちなみに近代（＊86ページ）の日本で最初に文化という語が使われるときには、近代的なもの、生活に便利なものという文脈をもっていた。文化住宅とはモダンな住宅だし、文化鍋という名称などはいまでも記憶されているようだ。

これに対して文明という語は、都市（civitas）という語から作られたもので、自然との対比よりも未開との対比で使われることが多い。明治時代の日本は文明開化をモットーとしたのであり、その意味では文明は文化に近い言葉だった。しかし文明はたんにモダンという意味ではなく、さまざまな文化が未開から総合的に発展する段階を示すために使われることが多い。西洋文明とはいうが、西洋文化というと変なのはどうしてか、考えてみてほしい。

【自然の両義性】 文化や文明と対比された自然や未開の概念は、両義的な意味をもつことに注目したい。文化は自然そのものに対して人間が働きかけた結果として生まれるものである。言語、宗教、神話など、人間が存在するようになってから、つねに文化が存在し続けてきたといってよい。文化とは、人間が自然のままの状態を克服してきたことを物語るのである。

ところで文明を自然からの堕落と考える視点もまた根強い。ルソー（一七一二〜七八）は人間は自然のままの状態であるのが最善であり、文明は不平等を生みだし、人為的な装置によって人間の素朴な善さを失わせるものだという視点を提示した。近代の西洋で「野蛮人」というイメージが、未開で啓蒙（＊96ページ）すべきものという像と、文明に汚染されていない自然の素朴さという像の両面をもってきたのもそのためである。

【フランスとドイツ】またヨーロッパのドイツとフランスにおいて、文化と文明の対比的な概念が誕生したのも興味深い。一八世紀末からのフランス革命では、国王を処刑して新しい政治体制が誕生した。人間が伝統の絆《きずな》を断って、理性（＊210ページ）だけの力で国家を組織しようとした大事件だった。革命以後のフランスは、この理性の力で人類が文明へと進歩していくことを信じて、ヨーロッパ諸国に文明と自由の原理を広めようとしたのだった。ナポレオンはヨーロッパ大陸全体にこの文明の原理を広げる役割を果たした。

しかしドイツではナショナリズムの勃興とともに、こうした同一の原理で世界を支配しようとする文明に対抗して、自国に固有の言語と民族の精神を重視しようとする運動が強まった。この運動ではフランスの文明の原理に対抗するために文化の理念を掲げたのだった。

また文化は、個人の教養の高さ、個人の能力の完成度の高さを意味するようになる。教育が文化的な人間を作りだすこととされたのである。ゲーテの小説は、若者が経験を積みながら、立派な人間に成人していく過程を語る教養小説という性格をもつものが多い。社会のうちで個人が教養を積んでいくことが文化とされたのだ。

ところで文化に固有の価値があるという考え方が、文化相対主義という視点を生むことのきっかけとなった。幼児の育て方、男性と女性の地位などは、文化ごとに異なるものである（とくに男女という生物学的な性別とは別に、その文化ごとに男女の地位と、男らしさや女らしさについての指標は異なるもので、これをジェンダーと呼ぶ。「カルチュラル・スタディーズ」の項（＊64ページ）を参照）。こうした文化ごとの個別的な特徴には優劣はなく、それぞれの文化の特徴を尊重すべきであるというのが文化相対主義である。世界の文化の質が多様なものであることが発見されるとともに、文化の多様性を維持することが大切だと考えられるようになったのである。

082

分析と総合

分析するということは、複雑で具体的な事物を単純で抽象的な要素に分解していくことだ。総合はこの逆の手順で、分析された要素を組み立てて、もとの具体的なものにまで再構築することである。論理学では分析とは、複雑な命題（＊196ページ）を単純な諸前提にまで分解することである。総合は、こうした諸前提に基づいて、結論を導きだすことになる。この分析と総合は、古代ギリシア以来、論理学、幾何学、自然科学の重要な技法として利用されている。

［確実な学問］ デカルトは、もっとも確実な学問の方法とは、複雑な事象を明晰で判明な事実に分解し、これらの明晰な事実をすべて列挙して総合することだと語っていた。ホッブズ（一五八八～一六七九）もまた社会を考察するにあたって、社会を構成する個々の人間という要素にまで分解し、人間と人間の対立という構図から、社会の成立を考察した。近代の哲学は、すべてのものを分析でき、分析の結果を総合できるという信念に依拠していたのである。

［分析的］ ところで哲学の分野では分析的という概念が使われることが多いが、これは分析と総合という手続きとはかなり異なる概念であるために注意が必要である。この概念を初めて提示したのはカントだ。たとえば「物体は広がりをもつ」という命題を考えてみよう。この命題は物体という主語のうちに、広がりが含まれていると考えられるので、実際に検証してみなくてもわかる。「弟は兄よりも年下である」という命題も、経験による検証が不要だ。なぜかというと、「弟」という主語のうちに、年下の兄弟という概念が含まれているし、「兄」という概念のうちに年上の兄弟という概念が含まれているからだ。だから主語の概念を調べるだけで、検証なしにその命題が真であることが確認できる。分析的という語は、経験による検証を経ずに、主語の概念の「分析」だけで真偽が確定できる場合を意味する。

この分析的という概念は、アプリオリ（＊24ページ）という概念に近い。どちらも経験による検証なしに正しいことが確認できるからだ。ライプニッツ（一六四六〜一七一六）はこのように検証なしに証明できる命題を「理性の真理」と呼び、経験によって真理と認められた命題を「事実の真理」と呼んでいたが、これも同じことを指している。

【下向と上向】またマルクスは経済学の方法としてこの分析と総合の方法をすこしひねって「下向」と「上向」という方法に作り替えた。一七世紀の経済学では、人口や国家のような「生きている全体」の分析から始めて、貨幣（＊62ページ）や価値のような抽象的な概念にたどりつく「下向の道」を主流としていた。しかしその後の経済学では、貨幣や価値から出発して世界全体の市場（＊120ページ）という具体的なものにたどりつく「上向の道」が中心になった。マルクスは『資本論』ではこの両方の道を組み合わせることで、経済という複雑な現象を説明しようとしたのである。

デカルトから始まった近代哲学も、合理主義（＊110ページ）に依拠した近代科学も、まず要素に還元（＊68ページ）して分析することから考察を始めようとする。しかしこの手続きがつねに適切だとは限らない。たとえば生命はそれを構成するさまざまな要素に分析したとたんに、もはや存在しなくなる。生命という全体性は、それを構成する要素を超えたものをもっていると考えざるをえない。社会もまた、個々の人間に分析する手法がどこまで通用するのか大いに疑問である。群衆（＊92ページ）となった人間は個人とは異なる行動パターンを示すことがあるからだ。このように分析して失われるもの、総合する際に取りこぼされるものがあるのは明らかだろう。

また風土（＊170ページ）、社会の伝統や習慣、さまざまな制度（＊138ページ）、ぼくたちを無意識のうちに動かしている力などは、社会を原子のように構成している個人に分析し、その個人をまとめて総合することでは理解できない。そして泳ぎ方や自転車の乗り方にいたるまで、分析しようのない暗黙的な知も多いのである。

083

分節

分節というのは、関節に分かれているということだ。魚をおろすとき、骨とエラと内臓の場所をよく知らないと、うまくいかない。アンコウをさばくときなどはとくに大変だ。同じように世界もある構造（＊108ページ）に従って分節されていると考えることができる。人間にとっては登れる高さも、犬には登れないかもしれない。人間にとっては飛べない溝も、鳥にとっては障害物とは見えないだろう。動物行動学は、ダニと犬と人間にとっては、世界の見え方がまったく違うことを教えてくれる。ダニにはダニの、人間には人間の世界の分節があるわけだ。これはダニと人間の環境そのものが異なることを意味するものであり、人間という生物のもつ条件が、ダニの生存の条件と異なるという事実を示すものだ。

［言語による切りわけ］ 幼児が言語を習得していく過程に注目していると、人間にとっての言語と分節の関係が見えてきて興味深い。赤ん坊は自動車を見て「ブーブ」という語を教えられると、動くものをみんな「ブーブ」と呼んだりする。犬の名前の「ポチ」を教えられると、猫もまた「ポチ」と呼んだりする。赤ん坊にとっての世界の見え方と呼び方は環境ごとに異なるものだが、やがては皆と同じ分節を学んでいくものである。自動車は自動車、電車は電車と呼べるようになる。こうしてぼくたちは世界という全体的なものを、その構造に従って分節し、それを総合（＊178ページ）することで理解できるようになるのである。この精神の働きを分節化という。

［世界の認識］ また社会や文化ごとに世界の分節は微妙に異なっている。そしてその違いは言語によって生まれるものだ。虹は七色と言われて、ぼくたちはそう信じているけれど、五色しか認識しない文化もある。ぼくたちはふつうは五種類くらいの蟬《せみ》の泣き声を聞き分けるけれど、外国にはたんに雑音にしか聞こえない人も多いらしい。だから物を認識するといっても、認識するまなざし

がもつ分節の力は、ぼくたちが社会と伝統から受けついだものであり、ぼくたちにはどうしようもない性質のものだったりするのだ。

　ぼくたちは意識しないけれど、存在の認識そのものに、言語とともに生まれる分節の作用が働いていることになる。だから分節について考えるということは、物を物として認識する人間の能力そのものについて問うことだ。ここには人間の認識論（＊160ページ）と存在論の大きな難問が潜んでいる。

［社会のまなざし］ぼくたちのまなざしに分節の力が働くのは、世界の事物を眺めるときだけではない。社会のさまざまな事象も、自分に埋め込まれた分節の構造に従って眺めてしまう。生徒が教師を見るまなざし、教師が生徒を見るまなざし、通行人がホームレスを見るまなざし、女性が男性を、男性が女性を見るまなざしは、社会によって規定されているのだ。

　たとえばフェミニズムは、西洋の社会における言語表現そのものが男性のまなざしで貫かれていることをあらわにした。女性であっても、男性としてのまなざしと言葉で語らなければ、表現できないこともあるのだ。学会で講演する女性が、ふだんの言葉遣いでなく、成人の白人男性の言葉遣いになってしまうことを、あるフランス人女性の哲学者が嘆いていたことがある。

人間の知性はすでに社会的に作られたものなのだから、ぼくたちは他者や自然との関係をその分節に従って構築するしかすべがない。しかしそれは絶対に変えようのないものではない。他の文化や社会について、異なる思考方法を学ぶことで、自分の無意識的な分節を意識化することができるはずだ。

　さまざまな文章を読むことで、そして異なる文化の人々の多様な意見を学ぶことで、不慣れな視点から自分のなじみのものを新しいまなざしで眺めるように訓練することができる。自分の無意識（＊194ページ）的な分節がどのように機能するものなのか、自分のまなざしが気づかぬうちにその分節にどこまで規定されているかを調べることは、困難だが必要な営みだろう。

084

弁証法（ディアレクティーク）

ギリシア哲学においてディアレクティークとは、対話において相手の主張に矛盾があることを指摘しながら、それを克服できるように、主張そのものを改善する営みだった。やがて一九世紀ドイツの哲学者のヘーゲルがこの方法を練り直して、対話という枠組みを外して、歴史の推移や思考の方法を理解する手段にしたのである。

［現実認識の方法］ヘーゲルは、対話的な構造をそなえた弁証法《べんしょうほう》を、現実の認識のために活用しようと試みた。生成し流動する世界を考察するためには、現実の矛盾した状態を把握しようとする弁証法が適切だと考えたのである。弁証法のプロセスは次のように進行する。まず最初にあることが主張される（テーゼ）。たとえば「存在は同一なものとして存在する。だから変化はありえない」（パルメニデス）ということは事実である。ところが現実の世界は変化に満ちている。この主張は矛盾を含むのである。そこでこれを否定する主張が提示される（アンチテーゼ）。「すべてのものは変化する。同一なものはない」（ヘラクレイトス）。しかし同一なものが存在しないとなると、ぼくたちは何も把握できなくなる。だからこの二つの主張を総合するような主張が必要となる（ジンテーゼ）。「変化とは、存在のうちに潜在的にあったものが現実的なものとなることである」（アリストテレス）。

［弁証法と唯物論］この弁証法の論理を受けついだのがマルクスである。マルクスはとくに社会の発展にこの弁証法の力を見いだした。社会が古代の奴隷制から中世の封建制、そして近代の資本主義へと発展してきたプロセスに、弁証法的な発展を見たのである。どの社会もその時点では経済的に自立していくことのできる生産力をそなえているが、やがてその社会に内的な矛盾が生まれて、そのままでは維持できなくなる。そこでその矛盾を解決するために別の社会構成体が登場することになる。マル

クスは歴史をこのように内的な矛盾を解決する動的なプロセスとして解読したのである。

資本主義の社会は、中世の封建制の社会の欠陥を改善する形で登場したものであり、歴史をさらに進めるために貢献したが、やがて疎外（＊144ページ）された労働や恐慌など、資本主義の社会の固有の欠陥がその内部で解決できなくなると、新しい社会が登場することになる。それが社会主義の社会になるはずだった。

このように社会の物質的な再生産における矛盾とその解消として歴史を解読する方法は、弁証法の論理と、社会をその下部構造としての経済という視点から考察する唯物論（＊202ページ）を結びつけたもので、マルクスの死後に弁証法的唯物論と呼ばれるようになった。

ただしこの考え方は、政治、法律、科学、芸術などを上部構造と見なし、そのすべてが下部構造である経済的な体制によって決定されるという決定論に陥りがちな側面をもっているために、そのままでは維持できない理論となったのだった。

弁証法的な思考はそのダイナミズムのために多くの魅力をそなえている。矛盾や否定的な要素を無視するのではなく、こうした否定的なものが原動力となってシステムを動かしていく力学に注目するからである。その対話的な構造は、ぼくたちが思考するときに活用できるツールになるものだ。

たとえば憲法の改正は望ましいかどうかを考えるとしよう。そのときまず自分の考えを述べてみよう（テーゼ）。そしてその考え方にどこか欠点はないかとよくふり返ってみよう。メディアには多数の意見がとびかっている。他者のさまざまな意見から、自分の意見と対立する主張（アンチテーゼ）を見つけだしてみよう。そしてその二つの主張のもつ欠点を考えながら、それらを組み込んだ高次な主張（ジンテーゼ）を取りだせないかと努めてみよう。ぼくたちはつねに独断的になりやすいものだ。だからこそ他者の視点を組み込めるように、自己のうちで暗黙の対話を続ける弁証法的な思考は大切だろう。

085

暴力

暴力は権力と区別する必要がある。すべての人間は身体の力や精神の力をもっている。力をもっているということは好ましいことだ。だがこの力がその意思に反して他者（＊148ページ）に加えられるとき、それは暴力となる。一方、他者との同意のもとで、他者と相互的な関係において力が発揮されるとき、それは権力と呼ばれる。他者との関係においてはだれもが権力的な関係のネットワークに入り込むが、それは暴力をふるうことではない。

【暴力を否定する権力】社会や政治についての基本的な考え方には、人間が他者にふるう原初的な暴力の思想がふくまれている。ここで、まだ社会が存在しない状態を考えてみよう。だれもが家族とともに暮らしているが、法律も警察も何もない状態だとしよう（これは自然状態と呼ばれる）。この状態ではだれもが自分の財産と生命を守るために、他者に暴力をふるう可能性がある。万人が万人の狼《おおかみ》となるかもしれない。どんなに強い人でも、多くの人々には対抗できないし、隙《すき》をつかれるかもしれない。これでは危険なので、人々は契約を結んで権力を創設して、万人による暴力を防いだに違いない（これを社会契約と呼ぶ）。人々の合意のもとで設立された権力は、恣《し》意的な暴力を防ぐ力がある。これが社会契約論という考え方だが、近代の国家論の多くはこうした理論に依拠している。ぼくたちが権力と暴力について考える際には、素朴ではあるがこの理論が一つの枠組みとして役立つだろう。

こうして成立した権力体制である国家は、物理的な暴力装置を独占する。軍隊や警察は、他者の意思に反して力を行使すること、そしてときには死にいたらしめることを合法的に認められた装置である。これは暴力を防ぐために暴力を行使する仕掛けであるが、この権力がふるう暴力がつねに合法的で合理的（＊110ページ）なものであるとは限らないところに問題が生じている。

【二種類の暴力】 国家権力の暴力が国民を守ることをうたいながら、国民に対する根拠のない暴力を生みだす事例には事欠かない。警察を監視する装置がない場合には、権力はかならず腐敗し、恣意的な暴力を行使するものだ。監獄は個人の意思に反して人々を監禁し、ときに労働させるシステムである。犯罪者の矯正を名目として、監禁した者に恣意的な暴力を加え、殺害することもある。また軍隊は国内の治安を守り、世界の正義を守るという大義のもとで、市民の自由を奪い、他国民を死にいたらしめ、自国の兵士の生命を奪う装置でもある。暴力を防ぐために作られた装置が暴力を生みだすことは、残念ながら事実なのだ。

こうした暴力はもはや防げないのだろうか。国家のもつ暴力をなくすための暴力というものがあってもいいのではないだろうか。これは難しい問題を含んでいる。国家はある階級が別の階級を抑圧する暴力的な装置である。そう考えて国家を転覆しようとする革命は、たしかに国家の暴力をなくすための暴力である。ところが革命によって暴力が激化する場合が多いことは、フランス革命とロシア革命、そしてカンボジアの内戦が教えてくれた教訓だ。正義を守るはずの国家の装置が、正義を抑圧する装置になり、国家の暴力を廃棄するはずの革命がさらに大きな暴力をもたらすというこの逆説は、巨大な難問となってぼくたちの前にたちはだかる。人間の歴史は暴力につぐ暴力の歴史であり、この連鎖のうちで、暴力をなくす可能性を模索し続ける道しか残されていないのだろうか。

暴力はぼくたちにとってもごく身近なものである。知らず知らずのうちに他者に暴力をふるっているかもしれないからだ。たとえばぼくたちは学校で、親しい友人たちとグループを作る。そのときそのグループから排除された他の人々がいる。親しいグループを作るという友愛の行為の背後で、知らないうちに他者を排除し否定する暴力を行使しているかもしれないのだ。そして自分が暴力から完全に免れていると信じ込んだとき、ぼくたちはもっとも暴力的な人間になっている。

086 ポストコロニアリズム

ポストコロニアリズムという語は植民地（コロニアル）時代のあと（ポスト）というほどの意味だが、帝国主義の時代が終わって、かつての植民地が国民国家として独立してからの時代というだけではない。西洋が新大陸を「発見」し征服して以来の長い植民地支配の伝統のあとでもある。そしてかつての時代がもたらしたさまざまな問題は、現代もなお解決されずに残されているのであり、こうした問題に対して、植民地の側から批判的に検討する試みがポストコロニアリズムと呼ばれるようになったのである。

【非西洋の表象】 ポストコロニアリズムがとくに注目するのは、西洋世界がそれ以外の世界をどのようなまなざしで見ているかということだ。その理論的な背景となるのは、「表象」の項で紹介したサイード（一九三五〜二〇〇三）のオリエンタリズムの理論（＊169ページ）である。この理論を背景にして、さまざまな芸術作品におけるオリエントの表象を問題にしようとする批評活動がさかんに行われた。

西洋近代のさまざまな小説は、西洋以外の人々の姿をきわめて大きな歪《ゆが》みをもって描いてきた。コンゴでの抑圧的なベルギー人支配を描いたコンラッドの『闇の奥』では、現地の住民は暗い暴徒のような力として描きだされており、そこに西洋人の抱く恐怖がまざまざと表されている。直接に植民地の経験を描いていない大英帝国時代の小説にも、帝国主義の支配と現地の人々の抵抗が背景として浮かびあがってくる。

【植民地問題】 第二次世界大戦後、アフリカの多くの国で誕生した新しい国家は、植民地支配の負の遺産に悩まされた。ポストコロニアリズムは、植民地の解放運動の中に、新しい抑圧や差別が生まれてくる状況に注目する。新たに独立した諸国では、ルワンダのフツ族とツチ族のように、恣意《しい》的に分断された複数のエスニック・グループが対立し、殺戮《さつりく》しあうことも多かった。フランスからの独立を果たしたものの、政府や軍部の独裁体制とイスラーム原理主義派の対立が内戦状態をもたらした、アルジェリアのような国もある。西洋ははかばかしく民主化が進まないイスラーム諸国に対して、自由や人権の名のもとに侮蔑的なまなざしを注いでいるが、それが諸国の国際的な地位をさらに困難なものとしているのだ。

［サバルタン］グローバリゼーション（＊90ページ）が進む現代では、西洋の資本主義諸国が、近代（＊86ページ）化、市場（＊120ページ）、人権、自由などの「普遍的な」原理を旗印として、遅れた諸国に市場の開放、人権の尊重、自由の導入を求めている。しかし旧植民地の諸国で近代化が進まず、市場が開放されず、人権が損ねられているのは、こうした諸国が「遅れている」からなのだろうか。帝国主義の諸国がもちこんだ支配と略奪の体制が、こうした社会を作りあげたということはないのだろうか。

　またこうした普遍的な原理が、それが機能する現場で諸国の独自性を否定する役割を果たすことはないのだろうか。こうした原理の「正しさ」のゆえに、西洋の民主主義とは違う民主主義の試みは否定されてしまう。既存の社会体制のうちで抑圧され、普遍的な原理に依拠することができない人々は、まったく言葉を奪われてしまうのだ。こうした人々のことをサバルタン（従属集団）と呼ぶ。だれが言葉なき人々の気持ちと苦しさを代弁することができるのだろうか。

西洋の原理に抵抗する試みはつねに断片としてしか残されない。民族的な虐殺とともに失われてしまった思考も多いだろう。日本の歴史を見ても、アイヌの住んでいた土地を「開拓」した明治政府は、この地を北海道と名づけて、牧畜を中心とする産業の地にしようとした。そしてアイヌは無権利者として扱われ、その土地は収奪され、搾取《さくしゅ》されたのだった。アイヌの地や沖縄など、それまでの豊かな歴史と文化の伝統が忘れ去られ、失われたものも多い。他のアジア諸国に対する戦争責任の問題も、まだほんとうの意味では解決されていない。日本でもポストコロニアルの知が、まだこれから必要とされているのかもしれない。

087
ポストモダン

ポストモダンというのは、モダンのあと（ポスト）ということだが、モダンというのはそもそも最新の、現代的な、という意味だった。モダンにプレ（前）はあってもポスト（後）はないはずだった。それでもあえて「ポスト」モダンというのは、啓蒙（＊96ページ）的な近代（＊86ページ）のありかたを批判するためであり、現実に存在する対立から目を背けずに生きることを模索するためである。

【啓蒙批判】啓蒙とフランス革命が唱えた自由と平等と友愛の理論が、その理念とは裏腹なファシズムを生みだしたことは、現代のぼくたちがいまなお直面する重要な逆説（＊78ページ）である。

　そもそもフランス革命は、人間が理性（＊210ページ）の力で国家体制を一新しうることを証明した。ヨーロッパの中世の国家は、キリスト教という宗教的な権威に依拠していたが、こうした権威によらずに、自律（＊132ページ）した自由で理性的な人間が国家の機構を定めることで、文明（＊176ページ）が進歩すると考えたのだった。ところが現実には、この啓蒙の理念のうちから、人々を大量に虐殺するファシズムが登場したのである。ポストモダンは、ファシズムのような蛮行に陥らずに、近代を超克する道を模索することになる。

【大きな物語】その道の一つの可能性を示したのが、フランスの思想家のリオタール（一九二四～九八）だ。リオタールは、啓蒙に代表される近代は、さまざまな理念に依拠しながら人間の解放を目指していたにもかかわらず、それが反対に人間を拘束し、抑圧する「物語」となったことに注目する。

　啓蒙の理念は、人間が宗教という迷妄から解き放たれ、科学的な知によって無限に進歩していくとしながらも、ファシズムに到達した。また、マルクス主義の理念は、革命によって資本主義を打倒し、抑圧や疎外（＊144ページ）のない社会を構築することを目標としながら、シベリアの強制収容所のような抑圧的な体制を作りだしてしまった。現代の資本主義の理念は、技術革新の力によって労働時間を削減し、豊かな社会を達成するはずだったが、発展途上国の犠牲の上で先進国が富を独占し、同じ先進国内にも大きな貧富の差を生みだした。これらはどれも解放という「大きな物語」を語りながら、結局はさらなる抑圧をもたらしたのだ。

リオタールはこうした「大きな物語」に頼る時代を「モダン」と呼ぶ。そしてポストモダンの概念によって、こうした大きな物語が終焉《しゅうえん》していることを直視するよう求めるのである。こうした物語に頼っている限り、ぼくたちは思考を停止してしまうからである。

【調停できない対立】リオタールが注目するのは、グローバリゼーション（＊90ページ）によって世界の諸国の結びつきが密接になったはずなのに、現代の世界においては、地球のすべての人々が同意できるような土台がなくなっているということである。だれもが無条件で認める正統性はもはや存在しないのだ。

「先進国」と呼ばれる北の諸国にとっての繁栄の条件が、「発展途上国」と呼ばれる南の諸国にとっては貧困への下り坂にほかならず、北の諸国の正義が南の諸国にとっての不正にほかならないとき、ぼくたちは繁栄や正義や進歩などの美しい概念で武装して、ソマリアの難民たちと対話をすることはできないのだ。

ポストモダンはこうして現実の対立に直面することを求めるが、対立が調停できないからといって対話を放棄してはならないと批判したのが、現代ドイツの思想家ハーバーマス（一九二九〜）だ。ハーバーマスはモダンの崇高な理念を終焉したものとして捨ててしまうのではなく、近代と啓蒙を「未完のプロジェクト」として推進すべきだと主張する。対話のうちで必ず同意は得られるはずであり、その努力を放棄してはならないと考えるのだ。ただし戦争と虐殺と災害の続く現代の世界を見ると、未完のプロジェクトと対話の有効性に対する信頼をそのまま抱き続けるのは至難のことに思われてくる。

本質（エッセンス）

本質とは、ある事柄がそもそもどのようなものであるかを示すものだ。「……とは何か」という問いは、ギリシアの時代からぼくたちになじみの、哲学に特有の問いである。ソクラテスは美とは何か、勇気とは何かを尋ね続けた。彼が問うていたのは、美や勇気がそもそも何かという本質だったのだが、対話の相手は美の実例や美のありかたを答えるばかりだった。本質を定義で定めるということがまだ理解されていなかったのだ。

【本質とイデア】 ソクラテスはこの問いにみずから答えることはなかった。ソクラテスは、答えを知らないのに知っていると思い込んでいる人々をその眠りから目覚めさせること、そして自分の生き方を問い直させることを重要な目的としていたからだった。しかしプラトンはこの問いに答えを出した。美そのもの、いわば完全な美というものが存在すると想定して、それを美のイデアと呼んだのである。美のイデアは最高の美であり、生成しては消滅する人間の世界のうちには存在しない。人間の世界のうちにあるさまざまな美しいものは、この本質そのものであるイデアのいくらかを分かちもっている美、イデアを模倣（＊200ページ）した美にすぎない。でもプラトンはこの破片のような美を手掛かりに、本質そのものの美へと向かうことができると考えていた。

【本質と存在】 イデアは存在するとプラトンは考える。本質は存在を含むのである。しかしこの本質と存在の関係は複雑な歴史をたどる。アリストテレスはイデアのようなものは存在せず、個物のうちに本質が姿を現していると考えた。本質が個々の事物から離れ別の次元に存在するという二元論（＊30ページ）的な考え方を拒んだのだった。

近代にいたると、本質とはあるものが存在するための根拠のようなものと考えられた。その根拠がなくなると、そのものは存在しなくなるとされたのである。だから根拠である本質が存在を左右する。本質は存在に先立つのである。

【本質と現象】個別に存在するさまざまなものは、別の次元にある本質によってもたらされたのであり、本質を失うと存在しなくなってしまうというのは、本質に対する哲学の思い込みのようなものである。あるものが存在するためには、その自己同一性の核のようなもの、他にはない固有性のようなものが存在すべきだと考えたからだ。これが思い込みであることを示したのがヘーゲルだった。ヘーゲルは本質というものが事物の核にあって、それが外部に現れるという考え方は転倒していると主張する。そもそもイデアが物を作りだすように、本質が現実に存在するものを作りだすと考えるのは逆ではないだろうか、というのである。

たとえば猫を考えてみよう。じゃれて遊びたがる子猫が夜中に姿を消す成年の猫となり、コタツから動かない老いた猫へと一生をたどる。この猫には、子猫にも化け猫のような老いた猫にも共通する「猫性」という本質があって、これがあるから子猫もさかりのついた猫も存在するなどと考えるのはおかしいはずだ。ヘーゲルは、本質というものは現実（＊98ページ）の存在を抽象的に考えたいがために事物のうえにいわば重ね描きしたものにすぎない、と考えるのだ。

それでもヘーゲルは、まだ歴史のうちに絶対的な精神という本質的なものがあり、それが時代を経るにつれて自己を実現していくと考えていた。この考え方を批判して、現実の世界で労働する人間においてこそ、人間の本質が現れると考えたのが、マルクスだ。もっともマルクスにもまだ本質が実現されるという形而上（＊94ページ）学的な考え方が残っていたのだが。

自己同一的な本質という概念はぼくたちをあざむきかねない。さまざまに変化する事物のうちに変わらないものを見いだそうとするのはぼくたちの癖なのだ。変わりゆくものの背後に、同一で、固有で、変動しない本質のようなものがあると信じたがるのは、変化する物質を前にした知性の怠慢か、変化へのおびえかもしれないと考えてみるのは無駄ではないだろう。物事を「本質的に」考えるためにも。

089

民族と民俗

民族と民俗という用語は、もとは同じドイツ語のフォルク（Volk）という単語を訳したものだが、日本では漢字表記を分けて違いを明らかにしている。民族というのは、同じ文化的な要素を共有する集団を指すために使われる。民族はしばしば言語を共有し、神話や伝統や祖先についての記憶をもっていることが多い。民俗という語は、この民族を構成する民衆の習俗という意味であり、日本では柳田国男《やなぎたくにお》（一八七五～一九六二）が始めた学問として民俗学が知られている。一般の民衆の生活と文化を考察する学問だ。

【民族紛争】民族という概念は、ナチス・ドイツの時代に「高貴なるアーリア民族」の血を保護するという名目で人種差別の根拠とされて以来、危険視されるようになったが、現実に力をそなえているのはたしかだ。現在でも国内のエスニック・グループが自治や独立を要求したり、自国の他の民族を「浄化」の名のもとに殺害したりする例には事欠かない。スペインのバスク民族は、独自の文化的な伝統と言語を保ち、スペインから独立することを求めて、現在もテロ活動を続けている。トルコやイラクに居住するクルド族も、民族としてのアイデンティティ（＊16ページ）を維持しており、中東での民族紛争で重要な役割を果たしている。

またボスニア・ヘルツェゴビナでは国内のセルビア人、クロアチア人、ムスリム人が民族を浄化するために、他の民族を殺戮《さつりく》する血なまぐさい争いになった。ツチ族とフツ族が、民族が異なるというだけの理由でたがいに殺しあい、百万人近くの犠牲者を出したルワンダ内戦も記憶に新しいところだ。

【民族意識】日本でも関東大震災の際の在日朝鮮人の殺害など、おりにふれて民族問題が発生することがある。民族は客観的な概念というよりも、自己と他者を区別するための概念なのだ。「われわれ」の集団に属するものが同じ民族であり、「やつら」の集団に属するものは他民族なのである。
　このことは、世界各地に分散しても民族意識をきわめて強烈に維持し続けたユダヤ人を考えてみれば理解できるだろう。ユダヤ人は独自の宗教的伝統を決して捨てず、他の民族から迫害された記憶を忘れず、それだけに神から選ばれた民族という強烈な意識をもち続けた。一方でヨーロッパには多数の同化ユダヤ人が暮らしていたが、ナチスの法律で初めて自分のことをユダヤ人と認識した人も多かったのである。ナチスはユダヤ人を差別することで、ドイツ人のアイデンティティを構築しようとしたのだった。

【民俗】このように民族の歴史は血で書かれているが、民俗学はこのような血なまぐさい学問ではない。日本の民衆の社会が伝統的に保ち続けてきた庶民の生活のありかたや言葉に残された過去の痕跡《こんせき》を、民間伝承や風俗、そして民具などを頼りにして記録しておくことを目的とした学問である。グリム兄弟などが集めたドイツの昔話の記録を参考にして、日本では柳田国男が始めたものだった。

【常民】柳田はとくに日本の農村共同体に注目して、そこで生産に携わる人々を「常民」という概念で捉え、こうした人々のものの考え方や暮らしぶりなどを記録し、考察しようとした。この常民は稲作農耕民として理念化されており、田の神の信仰と祖先の霊の信仰を基幹とした「固有信仰」を奉じているものとされたのだった。このために民俗学の研究対象が農民に集中することになり、日本の多様な生活者を均質化した民衆概念が生まれたのである。

　こうした柳田の方法論には異論も多く、折口信夫《おりくちしのぶ》（一八八七～一九五三）は外部から訪れる客（まれびと）に注目するというユニークな視点をうちだし、天皇儀礼の研究など柳田の手掛けなかったテーマを考察した。その後の民俗学は消えつつある農村から離れて、近代（＊86㌻）化を進める都市を考察する都市民俗学や、環境とのかかわりを分析する環境民俗学などに多様化していく傾向を示している。

090

無意識

無意識とは、意識の敷居の下にあるということであり、ほんらいは意識することのできないもの、認識（＊160ページ）を超えたものだ。それでもぼくたちは無意識の働きをさまざまな方法で認識することができる。ときには意識していない力のほうが、ぼくたちを強く動かすこともあるものだ。それだけに無意識とは、ひきこもり、母子関係、性的倒錯など、現代の社会でぼくたちが直面しているさまざまな問題を考察する上で役立つ分析視角なのだ。

［無意識の働き］ぼくたちはときに自分が無意識的に行動していたことに気づくことがある。あとになって、「あっそうだったのか」と無意識の働きを再認識するのだ。精神分析において無意識の概念を確立したフロイト（一八五六〜一九三九）は、主に三つの領域から無意識の存在を明らかにした。症状、失錯《しっさく》、夢である。

まずフロイトが無意識の存在を確認したのは、神経症患者の治療のときだった。神経症患者は、自分で認めたくないことを抑圧しているためにさまざまな症状を示す。ある匂いを嗅ぐと失神する女性、偏執的なまでに手を洗う少女、女性の頭髪だけに固執する男性などを治療する過程で、フロイトは意識の背後に抑圧されている無意識的なものを見いだした。また簡単な言い間違えやもの忘れ（失錯）についても、その背後に無意識的なメカニズムが存在していることを確認した。さらにフロイトは自分の夢を分析することで、自分の意識していないさまざまな連想と抑圧の存在を分析した。人間は無意識の塊のような存在だったのである。

［メカニズム］フロイトは心のメカニズムを意識、前意識、無意識の三つの領域に分類して考察した。意識はふだん自分の精神の働きとして認識できる領域であり、前意識は意志の働きによって意識にもたらすことができる領域である。たとえばぼくたちは幼年期からの多数の記憶を蔵していて、何かの匂いを嗅いだときなどにさまざま

ざとある情景を思いだすことがある。外国語の単語の知識、化学の周期律表や歴史的な知識のように、ふだんは意識していなくても、必要なときには意識にもたらすことができるものは多い。これらは前意識の領域にあるものと見なされる。最後が無意識的なものだ。これは、ぼくたちが認めたくないものとして抑圧しているので、そのままでは意識にのぼらせることができないのだ。

［自我と無意識］ フロイトは当初、意識についてこの三つの領域を構想していたが、後期になると意識や無意識が働く動的な場としての自我に注目して、これをさらに三つの領域に分割した。自我、超自我、エスである。この自我には意識、前意識、無意識のすべてが含まれる。超自我は、父親などの権威が道徳的なものとして内面化されたものであり、ほとんどが無意識的な領域である。最後のエスは、自我や超自我が制御することのできない無意識の領域である。このように後期のフロイトの理論では、無意識的なものは自我と超自我とエスに分散され、人間の心のすべての領域に無意識的なものが存在すると考えられるようになる。

［無意識の特徴］ 無意識的なものは、快感を求める動きであり、時間をもたず、道徳的な判断が及ばないとされている。これに対して意識的なものは、無意識的な領域から形成されており、現実的な判断に従い、論理的であり、時間と空間（＊88ページ）の規定のもとにある。無意識的なものは、快感を求める欲動的なエネルギーを供給されており、とくに幼児期の欲望（＊208ページ）の痕跡《こんせき》を強く残している。意識はそのことに直面したくないために、その欲動を意識から抑圧するのである。

一方でフロイトの弟子とも言えるユング（一八七五～一九六一）は、人間の無意識にはある歴史的なパターン（原型）があると考えた。ユングは神話や錬金術など、伝統的な思考のうちに集合的な無意識が記録されていると考え、その分析に力を注いだ。ユングの分析は、神話解釈などで貴重な成果をもたらしている。また日本の精神分析やセラピーではユング派が主流になっている。

091

命題

命題というのは論理学の用語で、ある言明の意味内容を示したものだ。言明というのは一般に、真偽を確定できる文のことをいう。人間という語はまだ文ではない。人間という生き物を指しているだけだ。ところが「人間は言語（ロゴス）をもつ動物である」というのは文であり、これはその真偽を確定できるから言明と呼ばれる。「明日天気になぁれ」は希望を口にしただけであり、真偽を確定できないから言明とは呼ばない。そして言明の意味内容、たとえば「人間がロゴスをもつ動物であること」を命題と呼ぶ。この命題は言明とは違って、それが真であるか偽であるかが主張されていない。たんに人間をロゴスをもつ動物として定義しているにすぎないからだ。

［命題の必要性］ 真偽を確定できる言明とは別に、命題という概念が必要になった理由を考えてみよう。それは肯定することも、否定することもできる言明の意味内容を取りだすためだ。そうすれば、真偽の判断とは別に文の意味内容を扱うことができる。ドイツの論理哲学者のフレーゲ（一八四八～一九二五）は、この命題のことを「思想」と呼び、この思想の特徴は、担い手を必要としないことだと指摘した。「人間はロゴスをもつ動物であること」という命題は、だれかが語った言明として、真偽を判断しなくても、語り手から独立した思想として扱うことができる。そうすることでたとえば「人間は二本足で歩く無毛の動物であること」という別の命題と比較してその抽象（＊150ページ）度や定義の適切さを考察することもできる。

［命題と論理学］ このように文の思想を命題として取りだして語り手から切り離すことで、文を論理的に扱うことができるようになった。真偽の判断をともなう言明では、このような論理的な取り扱いができないことに注意しよう。こうした言明にはつねに語り手と語られた状況がかかわってくるからだ。「雨が降っている」という言明は

それが語られた場所と時間によって、実際に雨が降っていれば真であり、雨が降っていなければ偽である。しかし「いまここで雨が降っていること」という命題はその語られた場所、語られた時を超えて抽象的に扱える。

　このように命題を言明から分離することで、複数の命題の関係を論理的に考察することができるようになる。アリストテレスの『分析論』はさまざまな命題の組み合わせについて、それが論理的に真となるか偽となるかを調べたものだ。「人間は死ぬものである。ところでソクラテスは人間である。だからソクラテスは死ぬ。」という三段論法の正しさなど、古代ギリシアの時点からすでに詳細に検討されてきたのだ。ところでこの三段論法は、その論理構造のうちに真偽がすでに確定されている。

　ところで「人間は死ぬものであるか、あるいは死なないものである」という文には複数の命題が含まれていて、二つの命題が「あるいは」という選言の結合子で結ばれている。こうした論理的な結合子の働きと、その推論の正しさを考察する論理学は、アリストテレスの『分析論』には含まれておらず、ストア派の論理学から始まった。こうした推論を考察するのは命題論理と呼ばれている。

命題は言明の意味内容として独立して扱うことができるが、言明はその状況に拘束されている。そして言明はその命題とは別に複数の働きをすることができるのだ。「この部屋は暑いね」という言明は、「この部屋の室温が高い」という命題を述べたものと考えることができるが、同時に「クーラー、入れてよ」という意味や、「そんな話やめて、もっと別の話をしようよ」という意味をもっているかもしれない。

　こうしてぼくたちの会話がさまざまな機能を果たす発言で満ちていることは、考えてみればすぐにわかるはずだ。ときに自分では考えていなかった意味を含んで、相手を傷つけたりすることもある。主にイギリスで活発に活動している日常言語学派の言語行為論は、このように言明がほんらいの命題とは独立して発揮する力を考察するものとして貴重な貢献をした。

092

メディア

メディアというとぼくたちは、新聞やテレビなどのマスメディアのことをすぐ考えてしまう。これらはたしかに重要なメディアだけれど、メディアというものはこれだけではない。もともとはメッセージを伝える媒体となるものがメディアと呼ばれた。人々の間で意思を伝達できるようにする手段なら、声でも、身振りでも、ダンスであってもメディアとして機能するのだ。

【メディアの種類と影響】人間というのは、社会を構成している動物であり、コミュニケーションの手段は重要な意味をもっている。だからどのような方法でコミュニケーションをするかで、人間の生活に大きな影響が生まれるのは当然だろう。最初のコミュニケーションの段階は、共同での狩りやダンスのときに使われる身振りや、音声だったに違いない。「おれはこっちからいく、お前は向こうに回れ」などと、鹿を狩りながら合図していただろう。ただし身振りは暗くて相手が見えないところでは使えないし、叫んで聞こえる範囲にも限りがある。

こうして距離や明るさや時間の制約を超えた文字言語によるコミュニケーションの時代が登場する。文字で文章が書かれるようになったのだ。ただしこの時代にも文字は読み上げるのが原則だった。四世紀の神学者のアウグスティヌスでさえ、師が黙読していることに驚いているくらいだ。そして書物というものも、朗読して人々に聞かせるのが主な使い方だった。やがて書物を一人で読む習慣が生まれると、聴覚よりも視覚が重視されるようになり、読書は孤独な営みとなる。

こうして語る言葉ではなく、書かれた文字がコミュニケーションの媒体となり、人間の歴史において大きな変化をもたらしたことは、印刷物に囲まれているとかえって気づきにくい。オーラル（口述）・コミュニケーションの文化がもっていた不思議な力は、すでに遠い過去の思い出となってしまったのである。

［電子メディアの発展］ 語る言葉から書かれた文字へ、そして羊皮紙に書かれた文字から活版印刷へ、さらにテレビやラジオ、コンピュータへとメディアの性質が変化したことが、人々の生活に大きな影響を与えてきた。この変化を考察したのが、先駆的なメディア論者だったマクルーハン（一九一一～八〇）である。マクルーハンも指摘しているように、現代は、アナログ情報の世界から、電子的なデジタル情報の世界に移行している時期でもある。インターネットのような電子的なコミュニケーション手段の発展によって、人々を隔てる距離が一挙になくなり、ぼくたちは瞬時にして、地球の反対側にいる人々ともコミュニケーションをとることができるようになったのだ。

　さらにインターネットは学問の分野でも大きな解放の力をもたらした。以前は大学の図書館に行かなければ閲覧できなかった書物がインターネットで読めることもあるし、図書の検索なども手軽にできるようになった。伝統的な出版方式によらずに、自分の書物を電子出版することもそう難しいことではなくなった。いままでなら伝統的な出版機構から無視されていたような議論が、費用をかけずに公表できるようになったことも忘れてはならない。

メディアの威力は大きいだけに、これが社会的な問題となる可能性もある。コンピュータを所有してこれを駆使できる人と、まったく利用しない人の間の格差（これをデジタル・デバイトと呼ぶ）が大きくなりつつある。この格差は金銭的な理由によるもの、世代的な理由によるもの、職業的な理由によるものなどがある。それにアメリカのように複数のエスニック・グループで構成されている社会では、特定のグループが不利な立場におかれることもある。

　またコンピュータを利用できる立場にあっても、その使い方を学んで課題を解決するための技術（メディア・リテラシー）を獲得できる人と、使い方を学ぶ時間的・精神的な余裕をもてない人の格差が広がることにも注意が必要だろう。

093

模倣（ミメーシス）

ぼくたちは独創性という神話に毒されていて、模倣するのは悪いこと、質の低いことと考えがちだが、真似《まね》るというのは実は創造性の根本にあることなのだ。ぼくたちは子どもの頃から両親の言葉を真似、歩き方を真似、食べ方を真似てきた。人間であるということは、まず模倣することから始まる。幼児はこの模倣の営みにおいて、いわばロール・プレイングを実践する。そして家庭内での位置を理解し、自分に期待されるものを理解し、能動的にその役割を演じることを学ぶのである。模倣は人間が社会のうちで暮らせるようになるための重要なレッスンである。

【模写】パリのルーブル美術館を訪れると、名画を模写している画家の卵をよく見かける。画家になること、それはまず自分の好きな画家の絵を真似ることから始まる。名画のタッチが見分けられ、色使いがわかるようになるには、模写してみるのがなによりだ。

ただ模写はあくまでも模写である。この営みを否定的に捉えたのがプラトンだった。プラトンは、このうつろいゆく生成の世界は、変化することのないイデアの世界の模写にすぎないと考えた。ところが絵画というものは、この模写の世界の模写として、イデアから二段階も劣っていることになる。

さらに悪いことに、画家はたとえば机をありありと本物のように描いてみせることができる。しかし本物に見える机は、実在する机のイメージ（＊34ページ）にすぎない。イメージにすぎないものを本物のように見せること、それは虚偽を真理に見せることにほかならない。だから大工のように机を実際に作ることができないのに、まるで本物のようなイメージを作りだす画家は、真理を語らずに、虚偽をあたかも真理のように語る人と見なされたのである。

【ミメーシス】ところがアリストテレスは、芸術の根幹は模倣（ミメーシス）にあると考えた。たとえば悲劇は現実に起きた出来事を真似てみせる。しかし悲劇作家はたんに現実をなぞるだけではない。悲劇的な人物の性格と行為をくっきりと描きだすのである。アリストテレスは、歴史家は現実に起きたことしか語れないが、創作者は起こるであろう事柄、偶然的なものに左右されない必然的ななりゆきを語ることができる、と述べている。画家も悲劇作家も、現実を模倣しながら、しかも現実を現実以上に劇的に描きだすことができるのである。観客はこの悲劇を観賞することで、自分たちの生をその極限のかたちで再認し、そこに大きな喜びを感じる。また生そのものについても学ぶことができるのである。

　このミメーシスの理論は近代にいたるまで、西洋の芸術創作の根本的な理念だった。芸術は自然を模倣する。しかしただ真似るだけではなく、自然のもつ神的な性質を永遠に残るものとして作りだすのである。芸術は自然の模倣でありながら、同時に「第二の自然」となる力をそなえていると考えられたのだった。

【ロマン主義】近代（＊86ページ）の重要な特徴は、古代こそが優れた時代であり、現在は古代よりも劣った時代であるという衰退史観が、根本から覆されたことにある。劣っているのは古代であり、近代は進歩の時代だと信じられるようになった。そのとき、伝統的に芸術の方法とされてきた「古代人の模倣」という方法が、もはや信じられなくなったのである。それを象徴するのがロマン主義の考え方である。この時代には天才と独創性が称揚され、模倣はいやしむべきもの、才能に欠けた者の営みとなった。ぼくたちもこうした見方から自由ではない。

　フランスの哲学者のリクール（一九一三〜）は、テクスト（＊154ページ）を解釈する行為の核心に、このミメーシスという営みがあると考えた。読者は物語を読みながら、自分の外に出て、物語の世界に入り込む。作中人物と一体化することで、その人物を真似るのである。ただ真似るだけではなく、読者としての独自の解釈をほどこしながらテクストの身振りを反復することによって、テクストとは別の宇宙を構成していくというのである。

094 唯物論（マテリアリズム）

唯物論《ゆいぶつろん》というのは世界認識の方法の一つであり、精神的なものよりも、世界を構成する物質のほうを重視する考え方だ。世界とは水であると唱えたのは前六世紀の古代ギリシアの哲学者のタレスだが、これも基本的には唯物論的な考え方である。これに対して精神的なものこそが根本にあると考えるのが唯心論《ゆいしんろん》（スピリチュアリズム）であり、唯物論が精神と心を物質に還元（＊68ページ）することを批判する。

　唯物論にしても唯心論にしても心身二元論（＊30ページ）的な対立の枠組みのもとで考える傾向を示しているので、ともに注意が必要だ。

［哲学と唯物論］古代ギリシアの哲学者たちのうちでも前四世紀頃のデモクリトスやエピクロスは、世界のすべてのものはこれ以上分割できない原子（アトム）と空虚だけで作られていると考えていた。人間の精神的な営みも、この二つで説明しようとしたのである。人間の営みを精神的なものと物質的なものに区別して考えるのはごく自然な傾向であり、唯物論的な思考は哲学の歴史と同じくらいに古い。

［社会哲学］唯物論的な思考は、中世のキリスト教の社会ではなかなか受け入れられなかった。とくにエピクロスの原子論は、人間は死ぬと原子に分解されると説いて魂の不滅や復活を否定したために、中世を通じて評判が悪かった。近代にいたって人間も社会もすべてを原子で理解しようとする社会哲学が登場する。その先駆けとなったのがホッブズ（一五八八〜一六七九）だった。

　ホッブズは、人間の精神や思想を物質的な原子を手掛かりに理解しようとした。そして物質が原子から構成されるように、社会は人間という基本的な要素から構成されると考えた。それまで人間は社会の絆《きずな》の中に埋め込まれたものと考えられていたのだが、ホッブズは原子をモデルとして、人間をすべての絆から切り離された単独の個人として構想する。人間はたがいに相手の所有物を奪いあう存在であり、こうした危険な状態を回避するために社会契約を結んで、権力を社会の外部の者にゆだねるのだと考えたのである。

その背景には、資本主義社会の原理の浸透があった。農村の共同体が崩壊し、人々は都市に仕事を求め、社会の中で孤立して生活するようになった。こうしてホッブズの社会構想が生まれたのである。

［機械論的な思考］ 啓蒙（＊96ページ）の時代とともに、キリスト教の信仰は否定され、自然科学の力と技術による進歩の理念が信奉されるようになる。宗教は蒙昧《もうまい》なものとして切り捨てられ、人々は理性（＊210ページ）の教えるものだけに依拠しようとした。宗教を否定しない人々も、理神論という理性的な宗教を唱えるようになる。

フランスではとくに、身体と精神を完全に分離したデカルトの伝統から、人間を機械として考える人間機械論まで登場した。この理論は、人間は物質的な機械仕掛けであり、物質から独立した精神が存在することを否定するものだった。近代初頭とは、人間の精神的な営みまでも物質的なものとして捉えようとする、きわめて唯物論的な時代だったのである。

［マルクス主義］ こうした唯物論的な思考方法がもっとも顕著に現れたのがマルクス主義だった。マルクス主義は、社会が発展するのはその物質的な基盤が変動するからだと考えた。政治、法律、文化などは上部構造と呼ばれ、物質にかかわる経済的な活動が下部構造として重視された。経済的なものがすべてを決定するわけではないが、経済は下部構造として、最終的な決定力をもつとされたのである。

現代の哲学においても、こうした唯物論的な思考の伝統は続いている。精神と身体の関係を考察する心身問題の理論においては、人間の心の現象を、脳の働きなど物質的なものから説明しようとする試みが繰り返されている。人工知能の理論やロボットの開発が進んでくるにつれて、心というものは、機械の中の亡霊のようなものではないか、という疑念を払拭することができなくなっているのである。

095 有機的／無機的

有機的（オーガニック）という概念は、ほんらいは器官（オルガン）のように統一的に機能する独立の存在という意味だ。人間の身体は最初は一つの胚だったものが分裂して、手足や胃腸など、さまざまな器官に分化する。一つの胚から成長した人間の身体は統一のとれた全体性をそなえている。これが有機的な存在なのだ。広い意味では生命のあるもの、生活を営むことのできるものを指す。これに対して機械など、部分の集合にすぎないものは無機的なものである。

化学の分野では、かつて有機化合物は生命力によってしか作られないと考えられていた。しかし現在では、炭素を含む化合物（二酸化炭素などの少数の例外を除く）が有機化合物と呼ばれるので間違えないようにしよう。

【生気論】 すべての生命体は、微生物から動物にいたるまで、栄養の摂取と代謝のメカニズムによって、独立した生命体として機能できるようになっている。この生命体はさまざまな部分で構成されるが、生命を失わずに部分に分解することはできない。そこが分解してまた組み立てることのできる機械との違いだ。

生命体にあって機械にないものは何かということは、昔から議論になってきた。生命体には無機的なものには存在しないある神秘的なものが潜んでいるという理論は生気論と呼ばれる。生命に特別な意味をもたせる哲学者は多く、こうした哲学の伝統は「生の哲学」と名づけられている。

これに対して生命現象に特別な神秘は存在しないと考えるのが機械論である。機械論に親近性のある唯物論（＊202ページ）は、生気論を否定しようとする傾向がある。一方では、分子生物学と遺伝子の研究の発展とともに、生命の神秘のようなものは存在せず、すべて分子レベルでの化学と物理学によって説明できると考える哲学者たちも多い。人工的な生命を作る試みもさかんである。

【社会と有機体】 有機的なものにはある全体性がそなわっ

ているため、そこにはまた目的もそなわっているという視点が生まれてくる。すると、生命あるものだけでなく、システム（＊122ページ）として完結しているものはすべて有機的なものとして考察することができるようになる。

たとえばヘーゲルの歴史哲学では、自然に働きかけることで文化を作りだす人間の営みが、一つの目的をそなえた有機的なものとして考察される。犂《すき》を使って畑を耕す人間は、犂という道具とともに歴史を形成しているのであり、その歴史のうちに人間の目的が実現されていく。ヘーゲルは人間が自然に働きかけ、社会を構築し、自由を実現していくという目的をもったものとして歴史を理解できることを示した。この歴史そのものが一つの有機的なものを形成しているというのだ。

歴史や社会を有機的なものとして理解するというのは、西洋の古代からの伝統でもある。国家は一つの有機体としてあり、国王が頭であり、臣民は国家の肢体であるという国家有機体説は、近代における国家の重要なイメージとなっていた。またダーウィン（一八〇九～八二）の進化論に基づいて、社会についても有機的な進化を想定する理論が次々と登場した。社会は動物と同じように、生存を目指して競争するという視点から、社会の進化と発展の機能を分析するのである。

社会を一つの有機体と見なす理論の変形として、社会を一つの完結したシステムとして、生命体を手本に考察するオートポイエーシスの理論がある。みずから（オート）を作りだす（ポイエーシス）というこの視点は、有機体を外部から眺めて摂取や排泄《はいせつ》という入力と出力のプロセスで理解するのではなく、それを構成するさまざまな部分の相互的な作用のうちで、有機体そのものが再生産されていくことに注目する。たとえば遺伝子は、みずからのうちに存在する記号に基づいて自己を複製する。遺伝子は自己を作りだすために必要なすべての情報をそなえているのだ。有機体の再生産のプロセスに新しい視点をもちこんだこの理論は、社会を完結したシステムと見なす社会システム論などに大きなヒントを与えたのだった。

090
ユートピア

ユートピアというのは、否定を意味するウーという語に、場所を意味するトポス（＊158ページ）を付けて作られた語で、ありえない場所、理想郷を意味する。東洋の社会では伝統的に、庭には梅が咲いて、小屋では鶏が鳴き、抑圧する者もなく、支配する者もない平和で安楽な共同体（＊82ページ）が理想郷とされてきた。西洋にも田園の理想郷のようなユートピアはあるが、牧歌的な小さな共同体への望郷の念からというよりは、未来の社会改革や社会構想のために求められるユートピアが多いのだ。

［社会批判］ 一六世紀にイギリスの思想家のトマス・モア（一四七七～一五三五）が著した物語『ユートピア』が、西洋におけるユートピア論の源泉になった。この著作の副題は「社会の最善政体について」という。資本主義の興隆期、牧羊のために農地の「囲い込み」が行われて農民が土地を失うという過酷な状況が出現した。これを批判しながら、望ましい社会とはどのようなものかという社会構想を、ユートピアとして描いたのがこの書物だった。興味深いことに、この書物は社会批判を展開しながら理想社会を構想したものだったが、理想的な社会を構築する手段の一つとして植民地の開発を提案するなど、イギリス帝国がそののち展開する帝国主義の論理をすでに萌芽として示していたのである。

［実現可能性］ モアの著作から始まって、ユートピアとして描かれた理想的な社会の構想は、実現することができるかどうかという緊張感に貫かれていた。たとえばユートピアに住む人々が両性具有の人々として描かれているならば、こうしたユートピアは実現を目指したものというよりは、人間の性差の問題を指摘するために構想されたものといえるだろう。ところが共同で労働し、実際に自給自足の生活を営むことで、平等で友愛に満ちたコミュニティを構築しようとするユートピア構想もあった。たとえばオーウェン（一七七一～一八五八）のニュー・ハ

ーモニーの実験などは、多くの人々が夢見たもので、失敗に終わったとはいえ実現を目指すことのできるものだった。

［空想的社会主義］ 抑圧のない理想的な生産共同体の夢は、一九世紀になると何度も登場する。エンゲルス（一八二〇〜九五）はマルクスとともに進めていた社会主義運動が現実的な目的と方法をそなえていることを示すために、こうした理想的な共同体の構想を空想的（ユートピア的）社会主義と呼んだ。マルクス主義は「科学的社会主義」による理想的な社会の建築を目指していたので、その他の社会主義の理論は非科学的なものとして蔑《さげす》まれたのだった。

　しかし社会主義の実験は失敗に終わり、マルクス主義の描いた社会もまた一つのユートピアにすぎないことが明らかになった。マルクスは現代の社会は人類の前史にすぎず、これから人類のほんとうの歴史が始まると考えていたが、その人間のほんとうの歴史がどのようなものとなるか、明確な構想はなかったのである。エンゲルスが空想的と嘲笑したユートピア構想のうちにこそ、現代の社会とは異質な原理による社会の萌芽が隠されていたのかもしれない。

現代の社会は、ある種のユートピアとして構想されていた未来社会論を次々と乗り越えるような展開を示している。それまでは夢想にすぎなかった技術が利用されて、地球に生きる人間の条件そのものが変わってきているのである。しかしこうした技術革新は、かつてのバラ色の未来構想とは逆に、暗い社会の到来を予測させる。

　テロと生物兵器に脅かされる社会、人々の遺伝子が犯罪者の捜索と身元確認に利用される社会、平和を維持するために、街角をビデオカメラが監視している社会。この時代にあってぼくたちはもはやユートピアを構想することができず、ユートピアの反対であるディストピアを構想するしかないかのようである。いまどのような未来像を描けるのか、ユートピアの思想はぼくたちの想像力に挑戦する。

097
欲望

ぼくたちが何かを欲望するとき、その欲望には二つの種類がある。まず空腹になると食事をしたくなる。喉《のど》が渇くと何か飲みたくなる。疲れると眠くなる。どれも生存のためには必須の欲望だ。この種の欲望は、何か欠如が生じてそれを埋めるという運動が反復されることが特徴だ。この種の欲望を欲求と呼んでおこう。

ところがぼくたちは食事をするときに、たんに欠如としての空腹を満たすことだけでなく、もっと別のことも望む。おいしいお寿司《すし》が食べたいとか、親しい人と会話を楽しみながら食事をしたいと思うものだ。この欲望は、たんに欠如を埋めるものではないし、生存に不可欠なものでもない。ただ一回限りの食事の機会を楽しみたいのだ。これをほんらいの意味での欲望と呼びたい。

［欲望と他者］ ぼくたちが生理的な必要を満たすために望む欲求は、ぼくたちの身体にかかわるものである。ところが欲望というものは、たんに身体にその望むものを与えるだけでは満たせない性質のものだ。身体の欲求に反してでも、自分の欲望を満たす場合も珍しくない。スマートになりたいという欲望は、空腹を満たすという生理的な欲求を無視して、ときに拒食症にまでいたることがある。スマートでありたいと望むのは、やせることそのものに価値があるからではない。自分が他者（＊148ページ）からスマートな人と思われたいから、自分が他者の欲望するような人間になりたいからである。欲望というものは、自分の内部から生まれる欲求とは異なり、他者の視点から生まれるものだ。

ヘーゲルが指摘していたように、欲望には、他者が欲望する自分を欲望すること、すなわち欲望の欲望という構造が不可欠なのだ。

［消費と欲望］ ぼくたちの消費社会は、この欲望への欲望の渦の中で形成されている。ぼくたちはさまざまな製品を購入する。しかしその製品は、たんにぼくたちがユーザーとして利用するために購入されるものではない。自

動車でも、ウォークマンでもコンピュータでも、他者から認められる自分でありたいという欲望によって購入される場合が多いのである。どの自動車を購入するかは、その自動車がもつ性能だけでなく、その自動車を選択する人々がもつ記号（＊74ページ）的な意味が大きな役割を果たすのだ。というのも、自動車はそのオーナーの地位と資産を示す広告塔のような象徴（＊128ページ）として機能しているからだ。

【模倣】フランスの哲学者のジラール（一九二三〜）が指摘しているように、こうした欲望は多くの場合、他者の欲望の模倣《ミメーシス》（＊200ページ）という形をとる。流行しているもの、それは多くの人が購入するものである。多くの人が好ましいと思うものを、ぼくたちもまた好ましいと思い、その商品を購入し、そのスタイルを真似《まね》るのである。ブランド品というものも、こうした模倣的な意味をもっている。自分がどんなにいいと思ったものも、他の人が評価しないと、何だか自信がもてなくなる。ロックのコンサートに人が集まるのも、初詣でで特定の有名神社に人が集まるのも、この他者の欲望の模倣という効果にほかならない。

【欲望と暴力】こうした模倣的な欲望は、うちに暴力（＊184ページ）的なものを秘めている。有名な俳優が来日すると、一目見ようと多くのファンがおしかける。だれもが他者の欲望を模倣することで、自分の欲望を満たそうとするのだ。そしてその模倣のうちに自分だけのもつ違いを見つけようとする。俳優の写真をとったら友人に自慢できるかもしれない。サインをもらえたらなぁ。こうして他人を押し退けてでも自分の欲望を満たそうと、暴力的なものが姿を現してくる。模倣と独占が相反するのではなく、たがいに力を強めて、暴力的なきっかけを作りだすのだ。

ぼくたちの社会はかくも欲望を原動力とした社会である。現代の消費社会では、人々の欲望がかき立てられ、作りだされる。それまで知らなかった商品が、思いもかけなかった新しい生活を夢見させるのだ。これがあればきっと……と。

090

理性

理性は人間の能力の重要な側面である。中世までは理性という概念よりも知性という概念が重視されたし、カントにおいては理性とは別に、人間が知覚したものについて判断を下す悟性《ごせい》という概念が用いられた。どれにも固有の歴史があるが、いずれにしてもぼくたちが判断し行動するときには、感情に流されずに理性的にふるまうことが求められる。理性とは概念や原理に基づいて比較し、考察し、判断し、実行する能力である。理性的にふるまわない人は感情的な人間と判断されるか、場合によっては理性を失っている狂気の人と見なされることがある。

【ロゴス】 古代のギリシアにおいて理性と見なされたのはロゴスである。ロゴスとは多義的（＊146ページ）な言葉で、言語、理由、原因、秩序、意味、比例、計算などさまざまなものを意味する。このどれもが理性に何らかの意味でかかわっている。理性とは、言語を使って物事の根拠や原因を探り、無秩序に見えるものの背後に秩序や意味を見いだし、さまざまな事物を比較しながらその比例を計算する。理性とは語る理性であると同時に、計算高い理性でもあるということだ。

プラトンは人間のさまざまな能力のうちで、生成し変化する事物を知覚する感覚よりも、知覚したものを言語で表現する能力（ロゴス）、知覚したものに基づいて推論する能力（ディアノイア）、知覚したものの背後にあるイデアを認識する能力（ヌース）を重視した。これらはどれも理性の多様なありかたと見なされたのである。中世では、世界の背後にある神について考察し、ときには直観的な知を獲得することのできる理性的な知が、人間にそなわる最高の知とされたのだった。

【理性批判】 理性はつねに最高の地位を維持していたわけではない。人間の認識（＊160ページ）の構造を解明したカントは、理性に対して両義的な姿勢を示していた。人間は感覚と悟性によって事物を認識し判断するが、理性は悟性が解くことのできない問いを提示する。神は存在するか、人間の魂は不死か、人間は自由か、世界に始まりはあるかなどの問いは、経験だけに基づいては答えることのできないものである。しかし人間は形而上（＊94ページ）学の名において、こうした問いを問わざるをえない。
　しかし人間が理性によってこれらの問いを解こうとしても、どうしても二律背反的な答えが出てしまう。すなわち「人間の魂は不死である」という解答と、「人間の魂は不死ではない」という解答が、どちらも同じ根拠をもって示されるのである。理性はこうした問いを問わずにはいられないが、理論的な理性をもってしてはこの問いは永遠に解くことができない。カントは理性に高貴な性格を認めながらも、つねに理性の能力の限界を示すという理性批判（＊166ページ）の道を始めたのである。

【理性の頽落】啓蒙（＊96ページ）の時代とともに、それまで人々を支配していたキリスト教への批判が展開されて、人間の理性がかつての神の位置にまで高められた。信仰よりも理性が優位に立ったのである。しかし近代は、人間の理性のもつ欠陥があらわになる時代だった。啓蒙の明るい光の中で一瞬輝いた理性は、やがてさまざまな倒錯をあらわにするようになってくる。
　とくに重要なのは、近代に理性が至高の地位を獲得するとともに、理性が狂気と対立するものと見なされて、人間のもっていた深さや矛盾が、理性の名のもとに断罪されるようになったことである。理性は自律（＊132ページ）的なものであることを自称するが、人間がそれほど自律的な存在でないことは、無意識（＊194ページ）の働きからも明らかになった。理性的に行動しているつもりでも、無意識的な欲望（＊208ページ）や、社会の道徳を内面化したにすぎない超自我や、さまざまな習慣に基づいて行動していることも多いのである。

理性は人間が生きていく上で役立つものではあるが、理性の役割がそれだけに限定されるならば、それは道具のようなものにすぎなくなってしまう。現代の哲学は、道具的な役割に堕した理性を、理性によって批判するという困難な課題に直面しているのである。

069

倫理

倫理という概念にはさまざまな類義語がある。たとえば道徳と倫理はどう違うのだろう。これらは翻訳語だけに区別が面倒だ。どの概念にも共通した要素があり、哲学ではいずれも倫理学で扱われるテーマである。この区別に少しこだわってみよう。

［倫理］ 倫理（エシックス）は、民族（＊192ページ）を意味するギリシア語エートスに由来するもので、人間がより善く生きる道を問うものである。より善く生きると言っても抽象的だが、具体的には善く生きる生き方を定めるものは、その人が所属する民族の共同体の風習だった。ペルシアにはペルシアの、ギリシアにはギリシアの善き生き方があったからだ。だからもともと倫理は、共同体に応じて異なるものだった。アリストテレスの『ニコマコス倫理学』は、共同体に生きる人間に必要な徳として、勇気や寛大さや友愛など多数を列挙し考察している。

［道徳］ これに対して道徳（モラル）という語は、もとは習俗を意味するラテン語モーレースに由来するという。その意味では、倫理と同じような語源をそなえているが、カントが道徳哲学を展開してから、道徳という概念に特別な意味がこめられるようになった。カントは人間の道徳的なありかたは、その人が生きる共同体の定めた習慣的な掟のようなものに規定されるべきではないと考える。

　もちろんその人間が生きる共同体のありかたを無視することはできない。たとえば西洋のキリスト教の伝統的な道徳律は、神を愛すること、隣人を愛することの二つに絞られる。隣人が貧しい場合には、その人を哀れみ、助けることは大切な道徳律とされてきた。大切なのは施しを与えることを自慢してはならないし、誇ってもならないということだった。西洋の社会でキリスト教を信じて暮らす人々は、そこで規範（＊76ページ）とされた道徳の教えを守らざるをえない。

ところがカントはこの隣人愛という基本的な道徳律に重要な条件をつける。施しをする際にはまず、施しをすることがすべての人に普遍的に適用できる命令（定言命法《ていげんめいほう》）であるかどうかを確認することを求める。定言命法とは、人を殺してはならないというように、だれにも例外なく妥当する命令だ。もしも君がこれを否定したら、君は殺されても仕方がなくなる。だから君はこれを普遍的な命令として認めなければならなくなるのだ。カントはそれが定言命法である場合には、例外なくそれを実行する必要があると主張したのである。そして道徳的な行為をする際には、哀れみのように心を動かしてはならないというのである。もしも君が貧しい人を見て心から同情し援助したとしても、それが普遍的な命令に従うのでなければ、道徳的な行動とは認められないことになる。このカントの道徳の概念によると、友情に篤い人は、道徳的な人間ではなく、感情に流される人間だということになるところに問題はあったが、道徳には「なすべし」という命令という性格がそなわっていることを明確にしたことは重要だ。カントがあげている定言命法の一つに、「他者を手段としてではなく、目的として扱わなければならない」というものがあるが、これはいまでもぼくたちの道徳的な思考の導きの糸として役立っているものだ。

ところで現代の倫理学、とくに応用倫理学では、現代の社会が直面する重要な問題、生命、環境（＊66ページ）、経済、情報（＊130ページ）などの分野で、伝統的な道徳や倫理の概念では解決できない問題を考察する試みが行われている。最近では出産前の診断で、幼児に高い確率で特定の遺伝病が生じる可能性があることが確認できるようになっている。そのとき両親は、遺伝病を覚悟して子どもを産むのか、中絶するかという決定を下さなければならない。両親には自己決定の権利があるが、中絶した場合に育ちつつある命が犠牲になるのはたしかなことだ。これから医学が発達するにつれて、ぼくたちは次々と新しい倫理的な難問をつきつけられることになるだろう。

100 レトリック

レトリックは修辞学や弁論術などと訳されることがあるが、語る言葉を工夫して、相手を説得する技術である。古代ギリシアのポリスでは、政治的な事柄や自分の財産などにかかわる事柄は、民会や裁判所などの公共の場で多数の人々を説得するという方法で取り扱われた。このためレトリックが重要な役割を果たし、そのための技術も発展したのである。

　この説得の技術を教師として人々に教えていたのがソフィストと呼ばれる人々であり、プラトンはソフィストたちを、事柄の真偽にかかわらず相手を説得する技術を教える、と批判していた。そのためレトリックには言葉の綾《あや》とか、詭《き》弁《べん》という非難がまとわりつくことになる。「それはレトリックにすぎない」と言われたら、それは本質（＊190ページ）的なものを欠いているか、真実でないと咎《とが》められているかなのだ。

【真理とレトリック】西洋の文学と哲学の伝統では、真理とレトリックが重要な対立軸として機能してきた。真理を重視するプラトンは、文学的なレトリックを批判する。大切なのは真理を語ることであり、言葉を飾るべきではないと考えた。真理はいわば非人称で時間をもたない。つまりだれがどこで語っても通用するという性格があると考えたのである。プラトンが想定していたのは、たとえばユークリッド幾何学の定理のような真理だった。幾何学の定理は、特定の公理と定義を前提とする限り、時間と場所を問わずに正しいからだ。

　あるいはデカルトが確実な学の指針として示したように、複雑な事柄も明晰で判明な要素に分析し、それを確実な推論に従って連結していけば、だれにでも理解でき、追体験することのできる確かな論理が作りあげられる。この方法もやはり場所と時間を問わずに正しいものを追求するものだ。

　これに対してイソクラテス（前四三六〜前三三八）を始めとする修辞学の伝統は、無時間的な真理を信奉するのではなく、いまここで相手に語る言葉の力を重視する。ローマの裁判で活躍した前一世紀のキケロの演説は、相手に訴えかけるためにさまざまな文彩を駆使し、さまざまなトポス（＊158ページ）を利用することで有名になった。レトリックは語る営みにおいて、個人の想像力に訴えかけるのである。

デカルトとほぼ同時代のヴィーコ（一六六八〜一七四四）はこの修辞学の伝統を受けついで、デカルトの確実な推論の方法を批判する。ヴィーコは、デカルトの真理は人々を暴力的に強制すると批判する。だれもが正しいと認める真理そのものよりも、人々の共通感覚に訴えかけ、実践的な智恵に依拠する「真理らしさ」が重要であると考えたわけだ。

[言語の力] 真理が絶対的なものであり、いまとここ、時間と場所を超越（＊152ページ）して無時間的に妥当するという信念は、言語のもつ力を軽視する傾向があった。真理が人間の言語から独立して存在し、言語はそれを他者に伝達する道具のようなものと見なされてしまうからだ。これに対してレトリックは、真理と別に言語が存在するわけではなく、言語を使うことで真理が現れると考えるのである。

一般に西洋では真理を重視する伝統が強いと考えられているが、表現の力によって生まれる文学の世界を中心に、レトリックの伝統もまた強固な力を発揮してきた。とくに現代にいたって、哲学における言語の役割が重視されるようになった。言語は自分の思想を他者に伝達する道具のようなものではなく、公共的な言語が存在することでぼくたちの思想も生まれるということが解明されてきたからである。これは一般に「言語論的な転回」と呼ばれている。

また隠喩（＊36ページ）や象徴（＊128ページ）がたんなる文彩ではなく、ぼくたちの認識（＊160ページ）を左右する力をもつことは、さまざまに考察されてきた。ぼくたちが世界を認識するときにも、無意識的な比喩や図式に頼っているのであり、真理というものも、こうした言語の力と独立したところにあるものではないのである。

*本書に頻出する8人の哲学者

プラトン（前四二七〜前三四七）

古代ギリシアのアテナイの名家に生まれ、政治家を志していたが、師としていたソクラテスが刑死したことにショックをうけて、政治の道をあきらめた。それでも哲学の道を通じて政治にかかわろうとする志は失われず、最高の国家は哲学者が統治する国だと考えていた。実際にシラクサを訪れて、僭主《せんしゅ》ディオニュシオス二世に哲学者たる素質があるかどうかを吟味したほどだ。

プラトンが書き残した文章の多くは、ソクラテスとその他の登場人物の対話として描かれている。哲学が思想の体系のようなものとしてではなく、人々との対話として展開できることを示したことは、プラトンが残した大きな遺産でもある。この対話という方法はやがて弁証法という方法として研ぎ澄まされることになる。

初期の対話編には実際のソクラテスの姿がうかがえるが、イデアの理論を語り始める時期からは、プラトンがソクラテスの口を借りて語っていると考えられる。真なる実在（イデア）の世界と、生成し滅び去る世界との二元論的な対比は、プラトンが初めて確立したものだ。プラトンの哲学はイスラーム世界を経由して西洋の哲学に大きな影響を与えたのである。

アリストテレス（前三八四〜前三二二）

生まれたのはギリシアではなくマケドニアで、父親は宮廷の医者だった。若い頃にプラトンの学校アカデメイアに入学し、プラトンに才能を見込まれた。やがてそこで教えるようになり、プラトンの死後にはアカデメイアを継ぐことも期待されたが、実現にいたらず、アテナイを離れて生物学の研究に没頭するようになる。その後、マケドニアの若い王子の家庭教師を依頼される。この王子がやがてアレクサンドロス大王となる。二人の間でどのような会話が交わされていたか、想像するとおもしろい。生物の秘密についても語られたに違いない。

アリストテレスはプラトンのイデア論を批判するようになるが、その論拠の一つは生物の研究にあった。プラトンは、世界の生成の問題をイデアという別の次元のものをもちこんで説明しようとしたが、アリストテレスは、生命にはやがてその生物が子孫を作れるような状態にまで成長する原理のようなものが潜んでいると考えていた。ドングリは地に落ちればやがて大きなクヌギの樹にまで成長することを考えれば、イデアは不要だと主張したのだ。

アリストテレスの研究は生物学だけではない。三段論法などの論理学の基本的な体系を構築したのも、存在についての形而上学的な考察を展開したのもアリストテレスだ。プラトンをうけつぎ、発展させたアリストテレスで、ギリシア哲学はひとまず完成する。

デカルト（一五九六〜一六五〇）

フランス中部のトゥレーヌ地方に生まれたデカルトは、それまで哲学の世界を支配していたキリスト教の神学であるスコラ哲学の伝統を断ち切り、「考える自分」という視点をもちこむことによって、近代の哲学の端緒を開いた。

デカルトは、スコラ哲学は計画なしに建て増しされた住宅のようなものであり、しっかりとした土台がないと考えたのだ。そして哲学の土台となるのは、いまここで考えている自分の疑いのなさにあると指摘した。「コギト・エルゴ・スム」、すなわち「わたしは考える。だからわたしは存在する」。これだけが確実なことであり、すべての学問はここから出発すべきだというデカルトの確信は、その後も多くの哲学者にインスピレーションを与えたし、ぼくたちがつねに立ちもどるべき思考の拠点でもある。

デカルトは世界のすべてのものは二種類に分類できると考えた。考えるものと広がりのあるものである。考えるもの、すなわち魂が広がりのある事物とはまったく違う性質のものだという論は、その後の精神と身体の二元論の礎《いしずえ》となった。心身論の伝統はここから始まる。

また数学の分野での貢献も大きかった。すべての事物を三次元の空間に位置づけるデカルト座標の考え方は、近代の空間概念の土台を形づくった。

カント（一七二四〜一八〇四）

当時はドイツ領だったケーニヒスベルクで生まれ、終生この地を離れなかった。それでいて、外国の地理に詳しく、訪れる外国人をその土地についての知識の豊かさで感嘆させることが多かった。思想的にもイギリスの経験論やフランスのルソーの思想などをしっかりととりこんで思考を組み立てた。哲学者が大学の教授となるという伝統を作りだしたのもカントだ。

カントのすごさは、人間が世界を知覚する仕組みに迫ったことにある。ぼくたちは世界の事物をそのままで知覚しているように考えるけれど、人間の知覚には固有の様式があり、人間特有の仕方でしか世界の事物を認識できないことを明らかにしたのだ。これは、天動説から地動説への転換になぞらえて、コペルニクス的転回と呼ばれる。そしてこの固有の認識の仕方のために、ぼくたちに客観的な世界が開かれ、自然科学のような考察が可能になることを示したのだ。

このカントの洞察を経て、フィヒテからヘーゲルにいたるドイツ観念論の流れが生まれるが、そこではつねに世界を認識する主体としての人間の地位が問題になる。ただカントは認識の理論だけではなく、道徳論や平和論でも大きな道を開いた。他者を手段ではなく、目的として扱わなければならないという原則などは、いまでもぼくたちの道徳律として重要だし、世界平和を目指した理想も、重要な指針となっている。

ヘーゲル（一七七〇～一八三一）

ドイツのシュトゥットガルトに生まれたヘーゲルは、最後にはドイツ最高峰のベルリン大学の哲学教授に就任し、プロイセンの国家を支える哲学者となった。哲学者がたんに大学教授としてだけではなく、国家を支える理論的な体系を提供する役割を担ったのはヘーゲルが初めてだろう。それだけに批判されることもあるわけだが。

ヘーゲルはなによりも弁証法の理論を確立したことで名高い。カントは客観を認識する主観の地位を高めると同時に、それを二元的に対立させる傾向があったが、ヘーゲルはその対立を統合していく弁証法的なプロセスを考えだした。すべてのものが内的な矛盾や対立を統合する運動のうちにあるという弁証法の考え方は、ぼくたちが歴史を考える上でも役立つ視点だ。

ヘーゲルの歴史哲学は、西洋の歴史をすべての人が自由になるプロセスと捉えるもので、歴史に一つの目的があることを示した。これはキリスト教的な見方と切り離すことができないが、歴史を解読する一つの視点を示したものとして注目される。現代にも、歴史とは民主主義が世界に拡大するプロセスと見るヘーゲル的な歴史哲学が力を得ているほどだ。歴史哲学に裏打ちされた美学の理論や、精神の運動を詳しく考察した精神現象学の理論は、いまもその生命を失っていない。

マルクス（一八一八～一八八三）

フランス国境に近いドイツのトリーアに生まれたマルクスは、ヘーゲルの理論を根本から作り直して革命の理論を構築した。マルクスの思想は旧ソ連や東欧でマルクス主義の国家を生み出す現実的な力を発揮した。社会主義の実験は結局は失敗に終わったが、マルクスの思想の重要性はいまなお失われていない。

マルクスはヘーゲルから弁証法の思想を受けついで、それを歴史に適用した。歴史とは社会の内部にさまざまな矛盾や対立が発生して、それを内的に解決する運動だと考えたのだ。そしてさまざまな思想は、この運動を表現するものであり、ときにはイデオロギーとしても機能する場合があることを示してみせた。

資本主義の経済的なプロセスを詳細に解明した『資本論』は、資本主義の社会における労働の疎外や、貨幣を物神化する傾向など、さまざまな問題をえぐりだす書物となっている。なぜ資本主義では周期的に不況や恐慌が発生するのか、効率的なはずの分業がどのような働きにくさをもたらしているのかなど、現実的な問題を考察するためにも、マルクスの分析は役に立つ。

またパリ・コミューンや一八四八年の二月革命など、同時代の事件を分析するマルクスのまなざしはシャープであり、ジャーナリズムという観点からも多くのことを学べるはずだ。

ニーチェ（一八四四〜一九〇〇）

ドイツのライプツィヒ近郊に生まれたニーチェは、古代ギリシアの文献を考察する文献学という学問でデビューし、若くして大学教授になったが、やがて哲学の分野で独特な思想家として注目を集めるようになる。健康を害し、大学教授の職も辞して漂泊するうちに狂気に襲われ、晩年の十年間は家族の看護を受けながら狂気の闇を漂うようになる。

ニーチェの最大の功績は、キリスト教の道徳を分析しながら、道徳というものが普遍的なものではなく、歴史的な背景をそなえていることを明らかにしたことだろう。ニーチェは、キリスト教の道徳は弱者の道徳であり、強者にたいする怨恨《えんこん》（ルサンチマン）に基づくものであることを、さまざまな視点から考察し、カントにいたる哲学もこうした道徳の刻印を受けていることを示したのである。そして近代の西洋そのものが、その刻印のもとで「神の死」というニヒリズムのうちにあると主張する。哲学において近代批判の視点がはっきりと示されるようになるのは、ニーチェからだと言えるだろう。

ニーチェの思想は、永劫回帰《えいごうかいき》などユニークな理論に事欠かないが、『ツァラトゥストラはかく語りき』など、ドイツ語の散文として卓越した文体を誇ったことも忘れられない。ふしぎな感傷の漂う曲を残した作曲家でもあった。

ハイデガー（一八八九～一九七六）

ドイツ南部のバーデン州で生まれたハイデガーは、現代の哲学の土台を築いた哲学者で、フッサールの現象学を方法として鍛えあげることでスタートした。哲学をその歴史的な伝統だけでなく、みずから生きる経験に基づいて考察するという姿勢は、多くの成果をもたらした。ぼくたちが生きるこの世界のありかたを詳細に考察した『存在と時間』の存在論的な分析は、サルトルの実存主義など、多くの哲学者に影響を与えた。

ぼくたちはさまざまな事物に囲まれ、他者とともに世界のうちに生きているが、世界のうちで生きることがどのような意味をもつか、人間が時間のうちで生きるというのはどのようなことか、環境世界とは何か、人間にとって死がどのような意味をもつかなど、基本的な問題を考察するための理論的な手掛かりを提供したのがハイデガーだったのである。

後期のハイデガーは、人間の存在についての考察を詩作品の分析のうちに展開する形而上学的な理論家となるが、場所や空間のもつ意味など、含蓄のある文章を味わうことができる。またナチズムの理論にフライブルク大学総長として理論的な支持を与えようとしたことが、哲学の歴史における大きな「スキャンダル」となったことも忘れられない。その意味でもプラトンとともに、哲学と政治の関係を考えるためには重要な思想家である。

人名索引

（太字はコラム）

【あ行】

【か行】

【さ行】

【た行】

事項索引

（太字は見出し語）

【あ行】

【か行】

【さ行】

【た行】

【な行】

【は行】

【ま行】

【や行】

【ら行】

ちくま新書

542

高校生《こうこうせい》のための評論文《ひょうろんぶん》キーワード100

二〇〇五年六月一〇日　第一刷発行
二〇〇五年六月二〇日　第二刷発行

著　者　中山元（なかやま・げん）

発行者　菊池明郎

発行所　株式会社　筑摩書房
東京都台東区蔵前二-五-三　郵便番号一一一-八七五五
振替〇〇一六〇-八-四一二三

装幀者　間村俊一

印刷・製本　三松堂印刷　株式会社

乱丁・落丁本の場合は、左記宛に御送付下さい。
送料小社負担でお取り替えいたします。
ご注文・お問い合わせも左記へお願いいたします。
〒三三一-八五〇七　さいたま市北区櫛引町二-六〇四
筑摩書房サービスセンター
電話〇四八-六五一-〇〇五三

ISBN4-480-06242-4　C0210

ちくま新書

008 ニーチェ入門 竹田青嗣
新たな価値をつかみなおすために、今こそ読まれるべき思想家ニーチェ。現代の我々を震撼させる哲人の核心に大胆果敢に迫り、明快に説く刺激的な入門書。

020 ウィトゲンシュタイン入門 永井均
天才哲学者が生涯を賭けて問いつづけた「語りえないもの」とは何か。写像・文法・言語ゲームと展開する特異な思想に迫り、哲学することの妙技と魅力を伝える。

029 カント入門 石川文康
哲学史上不朽の遺産『純粋理性批判』を中心に、その哲学の核心を平明に読み解くとともに、哲学者の内面のドラマに迫り、現代に甦る生き生きとしたカント像を描く。

071 フーコー入門 中山元
絶対的な〈真理〉という〈権力〉の鎖を解きはなち、〈別の仕方〉で考えることの可能性を提起した哲学者、フーコー。一貫した思考の歩みを明快に描きだす新鮮な入門書。

081 バタイユ入門 酒井健
西欧近代への徹底した批判者でありつづけた「死とエロチシズム」の思想家バタイユ。その豊かな情念に貫かれた思想を明快に解き明かす、若い読者のための入門書。

190 プラトン入門 竹田青嗣
プラトンは、ポストモダンが非難するような絶対的真理を掲げた人ではない。むしろ人々の共通了解の可能性を求めた〈普遍性〉の哲学者だった！ 目から鱗の一冊。

200 レヴィナス入門 熊野純彦
フッサールとハイデガーに学びながらも、ユダヤの伝統を継承し独自の哲学を展開したレヴィナス。収容所体験から紡ぎだされた強靱で繊細な思考をたどる初の入門書。

ちくま新書

238
メルロ＝ポンティ入門
船木亨
フッサールとハイデガーの思想を引き継ぎながら〈身体〉を発見し、言語、歴史、芸術へとその〈意味〉の構造を掘り下げていったメルロ＝ポンティの思想の核心に迫る。

254
フロイト入門
妙木浩之
二〇世紀の思想と文化に大きな影響を与えつづけた精神分析の巨人フロイト。夢の分析による無意識世界への探究の軌跡をたどり、その思索と生涯を描く気鋭の一冊。

277
ハイデガー入門
細川亮一
二〇世紀最大の哲学書『存在と時間』の成立をめぐる謎とは？　難解といわれるハイデガーの思考の核心を読み解き、西洋哲学が問いつづけた「存在への問い」に迫る。

301
アリストテレス入門
山口義久
論理学の基礎を築き、総合的知のわく組をつくりあげた古代ギリシア哲学の巨人。その思考の方法と核心に迫り、知の探究の軌跡をたどるアリストテレス再発見！

533
マルクス入門
今村仁司
社会主義国家が崩壊し、マルクス主義が後退した今、マルクスを読みなおす意義は何か？　既存のマルクス像からはじめて自由になり、新しい可能性を見出す入門書。

159
哲学の道場
中島義道
やさしい解説書には何のリアリティもない。原書はわからない。でも切実に哲学したい。死の不条理への問いから出発した著者が、哲学の真髄を体験から明かす入門書。

269
日本の「哲学」を読み解く
――「無」の時代を生きぬくために
田中久文
日本に本当に独創的な哲学はあるのか？　「無」の哲学を生みだした西田幾多郎・和辻哲郎・九鬼周造・三木清らをわかりやすく解説し、現代をいきぬく知恵を探る。

ちくま新書

001 貨幣とは何だろうか　今村仁司
人間の根源的なあり方の条件から光をあてて考察する貨幣の社会哲学。世界の名作を「貨幣小説」と読むなど貨幣への新たな視線を獲得するための冒険的論考。

062 フェミニズム入門　大越愛子
フェミニズムは女性を解放するだけじゃない。男性にも生きる快楽の果実を味わわせてくれる思想なのだ。現代の生と性の意味を問い直す女と男のための痛快な一冊。

155 日本人にとってイスラームとは何か　鈴木規夫
イスラーム世界はどこにあるのか。オリエンタリズムによる屈折したイメージを克服して十億を越す信者を獲得し、世界を再編集しつつある巨大な宗教現象を解剖する。

166 戦後の思想空間　大澤真幸
いま戦後思想を問うことの意味はどこにあるのか。戦前の「近代の超克」論に論及し、現代が自由な社会であることの条件を考える気鋭の社会学者による白熱の講義。

204 こころの情報学　西垣通
情報が心を、心が情報を創る！　オートポイエーシス、動物行動学、人工知能、現象学、言語学などの広範囲な知を横断しながら、まったく新しい心の見方を提示する。

261 カルチュラル・スタディーズ入門　上野俊哉　毛利嘉孝
サブカルチャー、メディア、ジェンダー、エスニシティ、ポストコロニアリズムなどの研究を通してカルチュラル・スタディーズが目指すものは何か。実践的入門書。

283 世界を肯定する哲学　保坂和志
思考することの限界を実感することで、逆説的に〈世界〉があることのリアリティが生まれる。特異な作風の小説家によって問いつづけられた、「存在とは何か」。

ちくま新書

377 人はなぜ「美しい」がわかるのか　橋本治

「美しい」とはどういう心の働きなのか？「合理性」や「カッコよさ」とはどう違うのか？　日本の古典や美術に造詣の深い、活字の鉄人による「美」をめぐる人生論。

382 戦争倫理学　加藤尚武

戦争をするのは人間の本能なのか？　絶対反対を唱えれば何とかなるのか？　報復戦争、憲法九条、カントなどを取り上げ重要論点を総整理。戦争抑止への道を探る！

393 現象学は〈思考の原理〉である　――シリーズ・人間学③　竹田青嗣

人間とは何か、社会とは何か。現象学はこの問いを根本から解明する思考の原理だ！　現象学の方法から言語、身体までその本質を論じ、現象学の可能性を指し示す。

394 国家の役割とは何か　――シリーズ・人間学④　櫻田淳

国家という「猛獣」に、今どう向き合うべきか？　国家の役割とは一体何か？　これらの問いに答えるべく、身近な事例を豊富に用い、国家の行く末を展望する。

473 ナショナリズム　――名著でたどる日本思想入門　浅羽通明

小泉首相の靖国参拝や自衛隊のイラク派遣、北朝鮮の拉致問題などの問題が浮上している。十冊の名著を通して、日本ナショナリズムの系譜と今後の可能性を考える。

474 アナーキズム　――名著でたどる日本思想入門　浅羽通明

大杉栄、竹中労から松本零士、笠井潔まで十の名著をたどりながら、日本のアナーキズムの潮流を俯瞰する。常に若者を魅了したこの思想の現在的意味を考える。

539 グロテスクな教養　高田里恵子

えんえんと生産・批判・消費され続ける教養言説の底に潜む悲痛な欲望を、ちょっと意地悪に読みなおす。知的マゾヒズムを刺激し、教養の復権をもくろむ教養論！

ちくま新書

216 イスラームと世界史 山内昌之

民族・宗教紛争の多発により、世界は対立と緊張に直面している。イスラームははたして異質で非寛容な文明か。二一世紀の国際政治を世界史的視点から問う一冊。

064 民俗学への招待 宮田登

なぜ私たちは正月に門松をたて雑煮を食べ、晴着を着るのだろうか。柳田国男、南方熊楠、折口信夫などの民俗学研究の成果を軸に、日本人の文化の深層と謎に迫る。

450 政治学を問いなおす 加藤節

清算されない過去と国益が錯綜して、複雑化しつつある内外の状況に、政治学は何を答えられるか。国家や自由、暴力、憲法など政治学の最前線を歩きながら考える。

465 憲法と平和を問いなおす 長谷部恭男

情緒論に陥りがちな改憲論議と冷静に向きあうには、そもそも何のための憲法かを問う視点が欠かせない。この国のかたちを決する大問題を考え抜く手がかりを示す。

490 数学力をどうつけるか 戸瀬信之

かつて高い水準を誇った日本の数学力は、なぜダメになったのか。豊富なデータをもとに学力低下の原因を明らかにし、海外との比較も交えながら復活への道筋を示す。

527 社会学を学ぶ 内田隆三

社会学を学ぶ理由は何か？　著者自身の体験から、パーソンズの行為理論、フーコーの言説分析、ルーマンらのシステム論などを通して、学問の本質に迫る入門書。

002 経済学を学ぶ 岩田規久男

交換と市場、需要と供給などミクロ経済学の基本問題から財政金融政策などマクロ経済学の基礎までを現実の経済問題にそくした豊富な事例で説く明快な入門書。

ちくま新書

065
マクロ経済学を学ぶ
岩田規久男
景気はなぜ変動するのか。経済はどのようなメカニズムで成長するのか。なぜ円高や円安になるのか。基礎理論から財政金融政策まで幅広く明快に説く最新の入門書。

512
日本経済を学ぶ
岩田規久男
この先の日本経済をどう見ればよいのか？　戦後高度成長期から平成の「失われた一〇年」までを学びなおし、さまざまな課題をきちんと捉える、最新で最良の入門書。

434
意識とはなにか――〈私〉を生成する脳
茂木健一郎
物質である脳が意識を生みだすのはなぜか？　すべてを感じる存在としての〈私〉とは何ものか？　人類に残された究極の問いに、既存の科学を超えて新境地を展開！

461
科学的思考とは何だろうか――ものつくりの視点から
瀬戸一夫
日常的な思考と科学的思考のちがいはどこにあるのか？科学の発想の本質を「ものつくり」に見ながら、タレスからアインシュタインまでの科学史を読む一冊。

493
世界が変わる現代物理学
竹内薫
現代物理学の核心に触れるとき、日常の「世界の見え方」が一変する。相対性理論・量子力学から最先端の究極理論まで、驚異の世界像を数式をまじえず平明に説く。

463
ことばとは何か――言語学という冒険
田中克彦
ことばはなぜ諸国語に分かれ、なぜ変わるのか。民族の根拠ともなるこの事実をめぐるソシュールら近・現代言語学の苦闘を読みとき、二一世紀の言語問題を考える。

491
使うための大学受験英語――今のままでは英語力は身につかない
井上一馬
中高六年間の英語学習の集大成ともいえる大学受験。しかし入試問題をつぶさに見ていくと国際標準とはかけはなれた姿が浮彫りになった。受験英語に未来はあるか!?

ちくま新書

122
論文・レポートのまとめ方
古郡廷治

論文・レポートのまとめ方にはこんなコツがある！ 用字、用語、文章構成から図表の使い方まで実例を挙げながら丁寧に秘訣を伝授。初歩から学べる実用的な一冊。

134
自分をつくるための読書術
勢古浩爾

自分とは実に理不尽な存在である。だが、そのことに気づいたときから自分をつくる長い道程がはじまる。読書という地味な方法によって自分を鍛えていく実践道場。

189
文章添削トレーニング——八つの原則
古郡廷治

客観的な情報を伝えるための文章には、どんな原則があるのだろうか。通知、回覧、報告書、会議録、小論文、レポートなどを書く場合のコツと要点がつかめる一冊。

292
ザ・ディベート——自己責任時代の思考・表現技術
茂木秀昭

「原発は廃止すべし」。自分の意見をうまく言えますか？ データ集めから、立論、陳述、相手への反駁まで、学校やビジネスに活きるコミュニケーション技術を伝授。

428
自分づくりの文章術
清水良典

文章を自分らしく創る力はどんな処世術よりも生きる上で有利なツールだ。旧来の窮屈な文章観を駆逐し、作文することの根源的な歓びへといざなう革命的文章読本。

486
図書館に訊け！
井上真琴

図書館は研究、調査、執筆に携わる人々の「駆け込み寺」である！ 調べ方の超基本から「奥の手」まで、カリスマ図書館員があなただけに教えます。

504
思考を鍛える論文入門
神山睦美

9・11テロ事件以後、私たちは否応なく、世界と自分との関係について考えねばならなくなった。最近の大学入試小論文問題から、実存と倫理の問題を考えていく。